DZIEJE
ŻYDÓW
W
POLSCE

·

KALENDARIUM

SERIA EDUKACYJNA ŻIH

Zespół redakcyjny w składzie:
Zofia Borzymińska (kierownik), Ewa Świderska, Andrzej Żbikowski

Recenzenci:
prof. dr hab. Maurycy Horn
dr Barbara Jakubowska
dr Marek Gumkowski

książka ukazała się dzięki subwencji
FUNDACJI STEFANA BATOREGO
oraz CENTRALNEGO OŚRODKA DOSKONALENIA NAUCZYCIELI

Książka zalecana przez Ministra Edukacji Narodowej do użytku szkolnego
i wpisana do zestawu książek pomocniczych do nauki historii na poziomie
szkoły ponadpodstawowej.
Numer w zestawie 444/93

Warszawa 1993

ISBN: 83-85888-02-0
Wydawca: Żydowski Instytut Historyczny w Polsce,
ul. Tłomackie 3/5, 00-090 Warszawa

RAFAŁ
ŻEBROWSKI

DZIEJE
ŻYDÓW
W
POLSCE

·

KALENDARIUM

·

ŻYDOWSKI INSTYTUT
HISTORYCZNY
W POLSCE

Projekt okładki: Dorota Wójcicka-Żurko
Wybór ilustracji na okładkę: Zofia Borzymińska i Dorota Wójcicka-Żurko
Ilustracja: Artur Szyk, *Scena śmierci Berka Joselewicza w bitwie pod Kockiem w 1809 r.*, *„Statut Kaliski"* z 1930 r.; w zbiorach Muzeum ŻIH

Skład: „MARCO", ul. Brazylijska 5a m. 45, Warszawa

SPIS TREŚCI

WSTĘP

Historia Żydów ma szczególne znaczenie ze względu na to, że wśród tego ludu rozwinął się judaizm, będący pierwszą religią monoteistyczną, z którą związane są korzenie zarówno chrześcijaństwa, jak i islamu. W dziejach Żydów zaś wyjątkowe miejsce zajmuje ich polskie skupisko. Spróbujmy we wstępie do tej książki wskazać na kilka istotnych spraw kryjących się pod tymi ogólnymi sformułowaniami.

Po powstaniu Szymona Bar Kochby w latach 132–135 n.e., skierowanemu przeciw Rzymianom, Żydzi ostatecznie utracili własną siedzibę i państwowość. Od tego momentu w ich dziejach rozpoczął się okres „wielkiego rozproszenia", czyli diaspory. W czasie jej trwania wyznawcy judaizmu stworzyli dwie wielkie tradycje kulturowe. Pierwsza z nich, sefardyjska, swymi korzeniami sięga panowania Arabów na Półwyspie Iberyjskim. Związani z nią byli — najogólniej rzecz biorąc — Żydzi zamieszkujący nad brzegami Morza Śródziemnego, w Holandii, Anglii i jej koloniach. Twórcami drugiej, zwanej aszkenazyjską, byli Żydzi przybyli z Babilonii i Palestyny, poprzez Bałkany, do Europy Zachodniej, a potem Wschodniej. Przyjęli oni jako język potoczny jeden z dialektów niemieckich, a następnie na jego podstawie wykształcili własny — jidisz. Żydzi polscy w większości przynależeli do tej właśnie tradycji kulturowej. Na wschodzie Europy Aszkenazyjczycy znaleźli szczególnie korzystne warunki rozwoju. Z czasem, m.in. na ziemiach polskich i Wielkiego Księstwa Litewskiego, ich kultura rozwinęła się w całej pełni, zakorzeniając się głęboko — w przeciwieństwie do elitarnej sefardyjskiej — w masach ludowych. Na fundamencie dokonań Rasziego (Rabi Szlomo Icchaki), najwybitniejszego komentatora *Biblii* i *Talmudu* na przełomie XI i XII w., zbudowany został model zdemokratyzowanej nauki religijnej, dostępnej dla większości męskiej populacji. „W każdym prawie żydowskim domu w Europie Wschodniej, nawet w najskromniejszym i najbiedniejszym, stała szafa pełna książek; dumne i okazałe foliały razem ze skromnymi, małych rozmiarów książeczkami. Książki te nie były ani schronieniem dla zawiedzionych, ani środkiem dla sporadycznej nauki. Były paleniskami życiowej siły, czasoodpornymi naczyniami na wiecznie ważne monety ducha" — pisał Abraham Joszua Heschel, pochodzący z Polski znawca mistyki żydowskiej, uważany za jednego z największych myślicieli żydowskich w XX w. W efekcie tego powstała swoista kultura Żydów wschodnioeuropejskich, zabarwiona elementami ascetycznymi i mistycznymi. Wytworzyły się w jej ramach styl bycia i model życia bezwzględnie poddane wyższym, ponadczasowym wartościom, a zarazem niezależne od zamożności poszczególnych jednostek.

Szczególnie korzystne warunki osadnictwa uzyskali Żydzi w Rzeczypospolitej Obojga (ostatnio precyzyjniej mówi się — Wielu) Narodów. Dzięki temu powstało na jej ziemiach największe skupisko w dziejach żydowskiej diaspory, obejmujące w okresie swego największego rozwoju około 80% wszystkich żyjących na świecie Żydów. Nie jest to jedyny powód, dla którego z naszym krajem wiążą się niektóre z najważniejszych korzeni tego narodu. Wedle legendy, żydowskim uchodźcom z zachodniej Europy został przekazany z nieba znak w postaci kartki, na której były wypisane hebrajskie słowa *po lin*, tzn. „tu spocznij". Od nich wywodzono etymologię nazwy naszego kraju w językach żydowskich. W istocie dla rzesz osiedlających się na naszych ziemiach Żydów monarchie Piastów i Jagiellonów, a potem Rzeczpospolita szlachecka, stały się przystanią (może nie do końca spokojną), w której zyskiwali możliwości rozwoju pełniejsze niż w jakimkolwiek innym kraju diaspory. Toteż w literaturze żydowskiej, zwłaszcza w utworach (pieśniach historycznych i kronikach) opisujących klęski spadające na Żydów w dobie potopu, czyli wojen w połowie XVII w., ich autorzy opłakiwali zarówno tragedię swych braci, jak i niedolę kraju, do którego manifestowali gorące przywiązanie. Symboliczne znaczenie ma także fakt, że pierwszym znanym nam utworem żydowskim napisanym w języku polskim jest hymn sławiący pierwszą rocznicę Konstytucji 3 maja, która do dziś pozostaje dla Polaków symbolem dążenia do „odrodzenia w upadku" Rzeczypospolitej. Nie można wszakże zapominać, że na ziemiach polskich spotkały Żydów także największe w dziejach diaspory nieszczęścia i rzezie (w tym przede wszystkim związane z powstaniem Chmielnickiego, a następnie ze wspomnianym potopem). Wielowiekowe współżycie z Polakami na jednej ziemi obfitowało również w gwałtowne konflikty. Kraj nasz w XIX, a zwłaszcza w XX w., opuszczali ludzie często srogo doświadczeni, których rozgoryczeniu, a czasem i niechęci doń, trudno się dziwić.

Prądy modernizacyjne i asymilacyjne w zachodniej Europie, a nade wszystko oświecenie, przyniosły ze sobą widzenie kultury Żydów środkowo- i wschodnioeuropejskich przez pryzmat cywilizacyjnego zacofania i materialnych niedostatków. W jego efekcie określenie „Ostjuden" (po niemiecku „Żydzi wschodni") miało w sobie wydźwięk do pewnego stopnia pejoratywny. Trzeba było długiego czasu, by przezwyciężyć ową optykę widzenia ich kultury oraz dostrzec w niej „złoty okres w żydowskiej historii, w historii żydowskiej duszy".

Oświecenie żydowskie, zwane haskalą, pod koniec XVIII i w pierwszej połowie XIX w. oraz dążenia do emancypacji, a w drugiej połowie XIX w. ważkie procesy związane z odrodzeniem narodowym, przejawiającym się w wielu dziedzinach kultury hebrajskiej i jidisz, z syjonizmem, żydowskim socjalizmem i różnorodnymi procesami modernizacji żydowskiej egzystencji, miały głęboko przeorać społeczno-kulturową tkankę żydostwa wschodnioeuropejskiego. One także przyniosły ze sobą krytykę tradycyjnej kultury, w której zaczęto dostrzegać — przy docenianiu pewnych wartości — produkt getta, uniemożliwiający jej nosicielom przeobrażenie się w „normalny", nowoczesny naród. W istocie procesy sekularyzacyjne wiele zmieniły w życiu Żydów polskich, zwłaszcza w latach międzywojennych. Nie należy przy tym zapominać, że nie przeobraziły one całkowicie społeczności żydowskiej, której większość pozostała wierna tradycyjnym ideałom. Rozwinęły wszakże nowe zapotrzebowania kulturalne, a w ślad za nimi zaczęły powstawać różnego rodzaju zaspokajające je instytucje i placówki. W tej sferze Żydzi polscy nie tylko zdystansowali znacznie inne mniejszości narodowe, ale niejednokrotnie, w o-środkach prowincjonalnych — także ludność polską. Przy całym szacunku dla owych dokonań nie należy jednak zapominać, że oceny tradycyjnej kultury, dokonywane przez ludzi marzących o wychowaniu „nowego narodu żydowskiego" w Polsce i na wschodzie Europy, nie oddają całej prawdy o dorobku tradycyjnej kultury żydowskiej i ze względu na swe zabarwienie ideologiczne muszą być traktowane krytycznie.

Mrocznym cieniem na dzieje Żydów w Polsce kładzie się ich tragiczny finał — Zagłada w czasie II wojny światowej. Odrodzenie skupiska żydowskiego w naszym kraju po 1945 r. ostatecznie nie powiodło się, gdyż ci, którzy ocaleli, nie znaleźli tu na dłuższą metę sprzyjających warunków. Jednak rozstaniom z Polską w tym okresie towarzyszyły niejednokrotnie bardzo głębokie przeżycia. Wśród licznych zapisów literackich tych pożegnań na czoło wybija się poemat *Do Polski* Abrahama Suckewera, napisany w 1946 r., w którym m.in. znajduje wyraz głębokie przywiązanie autora do poezji polskiej. W naturalny bowiem sposób wielowiekowe sąsiedztwo obu narodów nie pozostało bez śladu w ich kulturach. Z jednej strony Żydzi byli ważnym elementem rzeczywistości polskiej, a niektórzy z nich wnieśli znaczny wkład do naszej literatury, sztuki, nauki itd. Z drugiej zaś — na kulturę Żydów polskich oddziaływały także wpływy nieżydowskiego otoczenia. Do dziś w Izraelu stosowane bywa pojęcie Polani (Polacy — tj. Żydzi polscy), z którym kojarzy się wiele bardzo cennych wartości kulturalnych, cywilizacyjnych i obyczajowych. Do dziś też w różnych krajach wielu żydowskich literatów pisze swe utwory w języku polskim.

Książka niniejsza zawiera uszeregowany chronologicznie zestaw faktów i wydarzeń ukazujących dzieje Żydów w Polsce. Obejmuje ona okres od pojawienia się pierwszych Żydów na ziemiach polskich aż po lata nam współczesne. Podział na pięć wielkich okresów historycznych ma ułatwić orientację w tym dużym materiale. Oczywiście, jest on umowny, gdyż np. pierwszy rozdział mógłby zostać podzielony na dwie części, a mianowicie średniowiecze i czasy Rzeczypospolitej szlacheckiej. Jednak istotne przesłanki przemawiają przeciw takiemu rozwiązaniu, bowiem zwłaszcza pozycja prawno-społeczna Żydów w Polsce w okresie przedrozbiorowym wykazuje elementy ciągłości, wynikające z fundamentalnych regulacji *Statutu kaliskiego*. Można także dostrzec proces rozwoju, zwłaszcza kultury żydowskiej, od pojawienia się odrodzenia narodowego wśród Żydów w ostatniej ćwierci XIX w. po okres międzywojenny. Jednak w tym wypadku warunki ich bytu w Rzeczypospolitej Odrodzonej były do tego stopnia odmienne, że taki układ materiału w *Kalendarium* nie wytrzymałby szczegółowej krytyki.

Także problem zasięgu terytorialnego odnotowywanych tu zjawisk i wydarzeń nie jest sprawą prostą. Generalnie autor przyjął zasadę, by uwzględniać te fakty, które miały związek z ziemiami państwa polskiego, a w czasie zaborów z jego byłym terytorium. Jednak takie rozwiązanie powoduje, że pojawia się wiele problemów. W okresie porozbiorowym Żydzi żyli w obrębie trzech różnych organizmów państwowych, z którymi łączyły ich mniej lub bardziej ścisłe związki. Tak np. na dawnych Kresach Rzeczypospolitej często ulegali oni częściowej rusyfikacji i byli włączeni w obszar szeroko rozumianego pogranicza polsko-rosyjskiego. Toteż z perspektywy historyka zachodniego niejednokrotnie trudno mówić o Żydach polskich na tym terenie, gdyż stanowią dlań część żydostwa rosyjskiego. Ale takie postawienie sprawy wydaje się nie do końca uzasadnione. Autor starał się jednak unikać wprowadzania do *Kalendarium* wydarzeń, które nie miały związku z terenami Polski przedrozbiorowej lub nie miały bezpośredniego wpływu na zamieszkujących je Żydów. Podobny problem pojawia się, gdy mówimy o terenach litewskich. Ich znaczenie ze względu na specyfikę kultury, a zwłaszcza rolę tamtejszych ośrodków tradycyjnej nauki religijnej oraz Wilna, było tak wielkie dla całego skupiska polskiego, że trudno byłoby je pomijać. Skomplikowany problem pogranicza kultur dotyczył także zaboru pruskiego, a w Galicji mamy nawet do czynienia z kilku pograniczami. Czasem o przynależności kulturowej decydował niemal przypadek; i tak np. pochodzący z Galicji i zaprzyjaźnieni ze sobą wybitni pisarze — Józef Roth (1894—1939) i Józef Wittlin (1896—1976) — ostatecznie wybrali różne drogi; pierwszy — pisarza niemieckiego, drugi — polskiego.

Na koniec autor pragnie przestrzec czytelnika przed traktowaniem tej książki jako syntetycznego zarysu historii Żydów polskich. Nie może ona zastąpić rozwiniętego wykładu, ukazującego w sposób pełny i wszechstronny zjawiska i procesy tu jedynie sygnalizowane. Porządek chronologiczny narzuca bowiem swoisty rytm wykładu, nie zawsze ułatwiający zrozumienie logiki wydarzeń. Ograniczona objętość i specyficzny charakter tej publikacji nie pozwoliły także na zamieszczenie w niej szerszych wyjaśnień i opisów poruszanych spraw. Toteż w wielu miejscach czytelnik będzie musiał odwoływać się do posiadanej już wiedzy lub uzupełniać ją dalszymi lekturami. Autor zdając sobie sprawę z tego, że na jego pracę można patrzeć nie jak na repertorium, ale jak na zarys, zróżnicował formę zapisu poszczególnych „haseł" *Kalendarium*, umieszczając w nim obok zwięzłych adnotacji (data i wydarzenie), także bardziej rozwinięte w treści informacje — czy to w formie wyjaśnień, czy nawet podania konsekwencji danego faktu. Poza tym dotarcie do rozszerzających tekst informacji i interpretacji umożliwia zamieszczony na końcu książki wybór literatury. Zawiera on w części pierwszej — bardzo niestety skromny — zestaw czasopism polecanych uwadze czytelnika. W drugiej, znalazły się wybrane pozycje książkowe dotyczące dziejów Żydów w Polsce, które ukazały się w języku polskim. Odstępstwo od tej zasady doboru literatury autor zrobił dla encyklopedii, spośród których uwzględnił także pozycje w językach rosyjskim, niemieckim i angielskim. W bibliografii nie znalazła się cenna praca Anatola Leszczyńskiego o autonomii Żydów w okresie przedrozbiorowym, jako że jeszcze nie została wydana. Za łaskawe udostępnienie jej maszynopisu pragnę tu Autorowi wspomnianej rozprawy podziękować. Dziękuję również Recenzentom tej książki, Koleżankom i Kolegom z Żydowskiego Instytutu Historycznego za sugestie i wskazówki, a przede wszystkim prof. Danielowi Grinbergowi i prof. Jerzemu Tomaszewskiemu za cenne uwagi.

Kalendarium zostało skonstruowane na kształt roczników, tzn. przytaczane wydarzenia opatrzone są w większości jedynie datami rocznymi. Prezentowany materiał jest bowiem obfity i nie wydawało się konieczne obciążanie go dodatkową dużą partią informacji szczegółowych, które czytelnikowi popularnego zarysu wiele by nie dały. Gdy w jednym roku odnotowano kilka wydarzeń, autor stosował kombinowaną zasadę chronologiczno-rzeczową, tj. gdy następstwo zdarzeń było istotne, podawał je w układzie chronologicznym, częściej jednak porządkował je ze względu na zawartość rzeczową (zmiany sytuacji prawnej, wydarzenia polityczne, zagadnienia związane z edukacją i kulturą). Jednakże gdy data dzienna jakiegoś zdarzenia wydała się szczególnie warta odnotowania, odstępował od wyżej przytoczonej zasady. Dotyczy to także dwóch okresów, których nie można było inaczej przedstawić, a mianowicie II wojny światowej i lat powojennych.

Autor w zasadzie unikał też umieszczania w tekście zagadnień biograficznych, a to co najmniej z dwóch względów. Po pierwsze, uczynił tak dlatego, by zachować jednorodny charakter tej książki i ułatwić odbiorcy posługiwanie się nią. Po drugie, na podanie tego rodzaju informacji nie pozwoliła ograniczona objętość publikacji, określona przez koncepcję wydawniczą serii, w której się ukazuje. Toteż w tekście niniejszego opracowania nie pojawiają się wzmianki o wielu postaciach, które ze wszech miar na to zasługują.

1. PRZED ROZBIORAMI (X – XVIII w.)

W Polsce przedrozbiorowej rytm dziejów Żydów w niej zamieszkałych był tożsamy ze wzlotami i upadkami kraju ich osiedlenia. W rezultacie procesu historycznego weszli oni w skład organizmu społecznego Rzeczypospolitej Obojga – czy raczej Wielu – Narodów, jako wyodrębniony stan. Stało się tak za sprawą szeregu swoistych dla naszego kraju rozwiązań prawnych, demokracji szlacheckiej oraz w efekcie postępującego słabnięcia władzy centralnej. Dzięki tym warunkom nastąpił rozwój autonomii Żydów w Polsce. Należy podkreślić, że aczkolwiek wspólne wystąpienia gmin żydowskich były podejmowane także wcześniej w innych krajach diaspory, to tylko Żydom polskim udało się stworzyć wielostopniową strukturę samorządu, z centralnymi jego organami w postaci sejmów w Koronie i na Litwie. Oddziaływanie wzorców demokracji szlacheckiej miało tu duże znaczenie. Toteż należy uznać, że zagadnienia związane z tymi problemami były najważniejsze dla nowożytnych dziejów Żydów w Polsce.

Można zatem przedstawić w skrócie dzieje Żydów polskich w dobie przedrozbiorowej w ścisłym związku z historią Polski. W średniowieczu w naszym kraju zaczyna się rozwijać osadnictwo żydowskie, głównie dzięki falom imigracji z Europy Zachodniej. Proces ten, trwający do pierwszej połowy XVII w., stworzył w Polsce największe skupisko żydowskie w dotychczasowych dziejach żydowskiej diaspory. W pewnym sensie można go porównywać do historii zagospodarowywania i zasiedlania tzw. pustek na ziemiach polskich. Jest to wizja uproszczona, jednak gdy zważymy słabość mieszczaństwa oraz rozwoju miast w Polsce w wiekach średnich i w epoce nowożytnej, to okaże się ona bardzo istotna dla obrazu dziejów Żydów w Rzeczypospolitej. „Złoty okres" historii Żydów polskich przypada na jesień polskiego średniowiecza i renesans. Okres ten jest również czasem rozwoju Polski, która zajmuje mocarstwową pozycję w Europie Środkowej i Wschodniej. Pierwsze symptomy kryzysu, zarówno w dziejach Żydów polskich, jak i w historii naszego kraju, pojawiają się niemal równocześnie w pierwszej połowie XVII w. Zniszczenia związane z wojnami w połowie tego stulecia były katastrofą zarówno dla skupiska żydowskiego, jak i dla państwa polskiego. Regres, który możemy wówczas zaobserwować w wielu dziedzinach, przerwany na krótko okresem odbudowy po zniszczeniach wojen szwedzkich i moskiewskich w drugiej połowie XVII w., za panowania przyjaźnie do Żydów nastawionego Jana III

Sobieskiego, dotknął cały kraj, w tym społeczność żydowską. Polska traci swą pozycję na arenie politycznej i militarnej oraz przeżywa regres gospodarczy i kulturalny. Pod pewnymi względami jeszcze głębiej kryzys ten przeżywali Żydzi polscy. W mniejszym stopniu dotyczyło to wszakże rozległej sfery tradycyjnej kultury żydowskiej, zwłaszcza nauk talmudycznych. Zniszczenie wielu jesziw (uczelni talmudycznych), przede wszystkim na Kresach wschodnich, i emigracja wielu rabinów przyniosły ze sobą wprawdzie pewien regres w tej dziedzinie, jednak szybciej niż w kulturze polskiej postępowała odbudowa autorytetu polskiego skupiska jako najważniejszego centrum uprawianych tradycyjnie nauk religijnych w Europie, której to pozycji Żydzi polscy nie mieli utracić aż do czasu Zagłady w okresie II wojny światowej. Natomiast zjawiska kryzysowe w społeczności żydowskiej w Polsce miały chyba jeszcze głębszy charakter niż w jej nieżydowskim otoczeniu. W sferze życia religijnego do poważnych tarć doprowadziły ruchy mesjanistyczne wychodzące poza ramy ortodoksyjnego judaizmu rabinicznego − sabataizm, frankizm i chasydyzm. Ten ostatni jednak, mimo początkowych prześladowań, nie miał się stać ruchem odszczepieńczym, lecz w przyszłości zajął pozycję najpotężniejszego nurtu wprowadzającego ożywcze treści do religii mojżeszowej, związanego z płomienną duchowością, mistycyzmem i żarliwą religijnością. Później niż w społeczności polskiej pojawiły się natomiast wśród Żydów symptomy odrodzenia polityczno-gospodarczego. Sprawił to rozkład instytucji autonomicznych i ogromne ich zadłużenie. Później też, bo dopiero pod koniec XVIII w., dotarły do Żydów powiewy oświecenia (haskali). Niemniej także dla Żydów polskich reformy Sejmu Wielkiego oraz dyskusje z nimi związane niosły ze sobą propozycje istotnych przemian, które mogły prowadzić do głębokich przeobrażeń ich sytuacji. Dzieło to, niestety tylko zapoczątkowane, nie mogło jednak przynieść poważniejszych efektów ze względu na tragedię rozbiorów, która przypieczętowała upadek Rzeczypospolitej szlacheckiej.

IX-X w.

Kupcy żydowscy, podążający szlakiem handlowym z arabskiej Hiszpanii przez Niemcy, Czechy, Małopolskę na Ruś i dalej do państwa Chazarów (leżącego nad Morzem Kaspijskim), docierają na ziemie polskie

965 lub 966

Kupiec żydowski Ibrahim ibn Jakub w służbie dyplomatycznej kalifatu kordobańskiego bawi m.in. na dworze cesarza Ottona I i u księcia czeskiego w Pradze; jego relacja, zachowana w późniejszym przekazie pisarza arabskiego al-Bekriego, stanowi jedno z najstarszych źródeł do dziejów państwa Polan pod panowaniem Mieszka (później zwanego Mieszkiem I)

druga połowa X w.

Po upadku państwa Chazarów następuje rozwój chazarskiego osadnictwa w Europie Wschodniej; wiąże się z tym teoria (obecnie odrzucana przez większość historyków) o chazarskim pochodzeniu pierwszych osadników żydowskich na ziemiach polskich

XI w.

Początki osadnictwa żydowskiego w Polsce; z pierwszej połowy XI w. pochodzi wzmianka o żydowskiej faktorii handlowej w Przemyślu; historycy podają w wątpliwość, czy źródłowa informacja o „mieście Primut w Polsce" odnosi się istotnie do Przemyśla

1096

I wyprawa krzyżowa i związane z nią prześladowania Żydów w Europie Zachodniej; w ich następstwie do Polski napłynie pierwsza liczna grupa osadników żydowskich

1147

II wyprawa krzyżowa, która spowoduje drugą falę imigracji Żydów do Polski

XII-XIV w.

Rozwój osadnictwa żydowskiego, początkowo głównie na Śląsku, potem także w Wielkopolsce i Małopolsce (m.in. przed 1200 — we Wrocławiu; 1205 — osada Żydowo k. Gniezna; 1213 — Żydowo k. Kalisza; 1237 — w Płocku; 1287 — w Kaliszu; 1304 — w Krakowie; 1356 — we Lwowie; przed 1367 — w Sandomierzu); z lat 1350—1500 pochodzą wzmianki źródłowe o 61 gminach (kahałach) żydowskich w Polsce

XII-XIII w.

Żydzi zarządzają lub dzierżawią mennice Mieszka III i Leszka Białego oraz niektórych innych książąt i biskupów; materialnym świadectwem ich działalności są brakteaty (jednostronnie bite denary) z napisami hebrajskimi

1204

Z tego roku pochodzi najstarszy znany nagrobek żydowski na ziemiach polskich (Wrocław); najstarszy przywilej na założenie cmentarza żydowskiego w Wielkopolsce pochodzi z 1287 r.

1241

Najazd tatarski niszczy osadnictwo żydowskie na ziemiach ruskich

1264

Książę Bolesław Pobożny wydaje przywilej dla Żydów z Wielkopolski, tzw. *Statut kaliski*, który stanie się podstawą późniejszego prawodawstwa Żydów w Polsce; gwarantuje on: wolność wyznania i tworzenia gmin, swobodę działalności gospodarczej, bezpieczeństwo osobiste, uznanie Żydów za „sługi skarbu książęcego" (dzięki czemu mieli oni podlegać księciu bądź jego urzędnikom)

1267

Synod wrocławski podejmuje wiele uchwał przeciw Żydom, w tym m.in. nakaz tworzenia odrębnych dzielnic w miastach oraz noszenia specjalnego rodzaju kapelusza; ten drugi, oparty na wzorach niemieckich, nie będzie w Polsce rygorystycznie egzekwowany

1279
Synod w Budzie powtarza uchwały synodu wrocławskiego z 1267 r. i nakazuje Żydom nosić czerwony znak; później także podejmowano tego rodzaju uchwały, jednak nie miały one większego znaczenia praktycznego

1285
Synod w Łęczycy podejmuje uchwały dotyczące wprowadzenia ograniczeń antyżydowskich, w tym zakazu oddawania Żydom w dzierżawę dochodów publicznych

XIV w.
W Krakowie wzniesiona zostaje tzw. Stara Bóżnica (dziś Muzeum Judaistyczne)

1319
Wypędzenie Żydów z Wrocławia, nieskuteczne, gdyż akt ten kilkakrotnie później będzie ponawiany (np. w 1345 r., gdy również zostanie zniszczony cmentarz) aż do ostatecznego wygnania Żydów z tego miasta w 1453 r.

1334
Kazimierz Wielki potwierdza *Statut kaliski*, rozciągając moc jego obowiązywania na całą Polskę

1348-1349
Epidemia „czarnej śmierci" w Europie Zachodniej i związane z nią prześladowania Żydów spowodują napływ nowej fali uchodźców do Polski (m.in. ze Śląska)

1356
Pod tą datą kronikarz Jan Długosz zamieści w *Rocznikach, czyli kronikach sławnego Królestwa Polskiego* informację o romansie Kazimierza Wielkiego z Żydówką Esterką (wedle tego przekazu

król miał z nią dwóch synów); większość historyków sądzi, że jest to legenda powstała wiele lat po śmierci monarchy

1364
Kazimierz Wielki rozszerza przywileje nadane Żydom na ziemie Rusi Czerwonej

1367
Pogrom Żydów w Poznaniu

1368
Żyd Lewko (zm. w 1395 r.) wydzierżawia mennicę krakowską oraz żupy solne w Bochni i Wieliczce

1388-1389
Wielki książę Witold po unii polsko-litewskiej w Krewie nadaje Żydom litewskim przywilej oparty na wzorach polskich; wzmianki o pierwszych skupiskach żydowskich w Grodnie, Trokach, Brześciu nad Bugiem

1399
W Poznaniu po raz pierwszy na ziemiach polskich odbywa się proces o domniemaną profanację hostii i dochodzi do związanych z tym prześladowań Żydów

1407
Pogrom Żydów w Krakowie wywołany pogłoską o popełnionym przez nich „mordzie rytualnym"

1423
Władysław Jagiełło wydaje *Statut warcki*, m.in. zakazujący Żydom pożyczania pieniędzy pod zastaw i na skrypty dłużne; tenże monarcha nie potwierdzi przywilejów zawartych w *Statucie kaliskim*

1453
Kazimierz Jagiellończyk potwierdza przywileje nadane Żydom; jednak w 1454 r. w *Statutach nieszawskich* zostaną one cofnięte

1454
Do Polski przybywa kaznodzieja fraciszkański Jan Kapistrano, zwany „biczem Żydów"; pod jego wpływem wybuchają pogromy i następują rugi Żydów z wielu miast (m.in. w Krakowie i Poznaniu)

1466
Pokój toruński; Żydzi zaczynają osiedlać się w miastach Prus Królewskich

1483
Książęta mazowieccy wypędzają Żydów z Warszawy; akt ten będzie jeszcze parokrotnie ponawiany

1485
Żydzi zawierają wymuszony przez radę miejską układ z mieszczanami krakowskimi, ograniczający ich prawa handlowe w zamian za możliwość pozostania w mieście; trzy lata później podobny układ zostanie zawarty we Lwowie

1495
Wielki książę litewski Aleksander Jagiellończyk wypędza Żydów z Litwy

1495
Wygnanie Żydów z Krakowa i osadzenie ich w podkrakowskim Kazimierzu; przywilej *de non tolerandis Judaeis* w XVI w. uzyska przeszło dwadzieścia miast polskich; większość tych przywilejów otrzymają miasta królewskie; właściciele miast prywatnych z zasady przychylniej będą nastawieni do osadnictwa żydowskiego

1498
Bankier krakowski Mojżesz Fiszel bierze w arendę żydowskie podatki na terenie Wielkopolski — jeden z pierwszych przykładów wydzierżawienia podatków żydowskich

XV/XVI w.
W Koronie mieszka ok. 18 tys. Żydów, na Litwie — 6 tys.; ogółem stanowią oni 0,6% ludności całego państwa

1503
Aleksander Jagiellończyk, już jako król Polski, zezwala na powrót Żydów na Litwę

1503
Aleksander Jagiellończyk mianuje Jakuba Polaka (1470—1541) rabinem małopolskim

1507-1514
Zygmunt Stary wydaje przywileje dla gmin żydowskich w Grodnie, Pińsku, Ostrogu, Łucku, Tykocinie, Kobryniu; stają się one podstawą praw Żydów na Litwie; w 1529 r. zawarte w nich normy wejdą w skład *I Statutu litewskiego*

1509
Założenie jesziwy (uczelni talmudycznej) w Krakowie; kierujący nią rabin Jakub Polak był twórcą *pilpulu* — metody studiów talmudycznych, tzw. żydowskiej scholastyki, polegającej na wyjaśnianiu sprzeczności między *Biblią* i *Talmudem* przy użyciu literatury talmudycznej (komentarzy)

1509
Zygmunt Stary mianuje podskarbim litewskim neofitę Abrahama Ezofowicza, który jeszcze w 1488 r. przeszedł na prawosławie, a w 1507 r. został przez tegoż monarchę nobilitowany

1512
Zygmunt Stary nakłada podatki na Żydów, jako „sługi skarbu królewskiego"; w 1518 r. zatwierdza delegatów gmin wielkopolskich i mazowieckich odpowiedzialnych za ich zebranie; wkrótce podobnych poborców będą miały także Małopolska, Litwa i Ruś; z tym systemem egzekwowania podatków żydowskich wiązało się również powoływanie głównych rabinów tych ziem

1518
Rabin Szloma Szachna (zm. w 1558 r.) zakłada słynną jesziwę lubelską, która wkrótce cieszyć się będzie zasłużoną sławą

1519
Powstaje, jako pierwsze, ziemstwo wielkopolskie, uzyskując nominację królewską dla dwóch ziemskich sędziów-rabinów; proces kształtowania się terytorialnej organizacji autonomii Żydów w Polsce wkracza tym samym w decydującą fazę

1525
Michał Ezofowicz, brat podskarbiego litewskiego Abrahama, w czasie hołdu pruskiego zostaje pasowany na rycerza, a następnie nobilitowany; był to jedyny w okresie staropolskim przypadek uszlachcenia Żyda, który nie porzucił religii mojżeszowej

1525
Książę mazowiecki Janusz ponawia wygnanie Żydów z Warszawy

1527
Zygmunt Stary potwierdza przywilej *de non tolerandis Judaeis* dla Warszawy; jest to akt ostatecznego wygnania Żydów z tego miasta

ok. 1530
Podczas jarmarku w Lublinie odbywa się zebranie rabinów,
z którego wyłoni się sąd (trybunał), od poł. XVI w. zwany
„wielkim sądem"

1530
Zygmunt Stary wydaje mandat przeciw tumultom antyżydowskim w miastach; potwierdzą go później: Władysław IV w 1633 r.
i Michał Korybut w 1669 r.

1530-1531
W Krakowie ukazują się drukiem po hebrajsku trzy dzieła
(*Pięcioksiąg*, *Tur Jore Dea* i *Hagada*)

1532
Kancelaria królewska wystosowuje listy do władz miejskich
Gdańska, nakazujące nieutrudnianie Żydom udziału w handlu

1534
Bracia Heliczowie (Haliczowie), którzy przyjmą chrzest
w 1537 r., otwierają drukarnię w Krakowie; później powstanie
w Polsce wiele drukarń żydowskich, m.in. Izaaka z Pro-
ściejowic, zwanego Izaak Drukarz, działająca w latach
1569 − 1626 w Krakowie

1534
Zygmunt Stary zwalnia Żydów z obowiązku noszenia wyróż-
niających ich strojów i oznak

1534
W Krakowie ukazuje się pierwsza drukowana książka w języku
jidisz − rabiego Aszera Anczla: *Mirkewet ha-Miszne*, będąca
konkordancją biblijną

1538

Sejm piotrkowski uchwala *Konstytucję de Judaeis*, a w niej wiele ograniczeń praw żydowskich, dotyczących spraw gospodarczych oraz np. zakazu noszenia biżuterii i kosztownych strojów; później podobne ustalenia zostaną umieszczone w *II Statucie litewskim* (1566 r.)

1539

Zygmunt Stary przenosi swe uprawnienia do jurysdykcji nad Żydami w miastach i wsiach prywatnych na ich właścicieli; w mniejszych miastach królewskich Żydów sądzić mieli starostowie; w sprawach wewnątrzżydowskich — sądy żydowskie (tzw. dajanów); w sprawach mieszanych — wojewodzińskie; ważniejsze sprawy karne i apelacje rozpatrywał wojewoda; najwyższą instancją apelacyjną był król

1539

Proces i spalenie na stosie na rynku krakowskim mieszczki Katarzyny Weiglowej, oskarżonej o przejście na judaizm

lata 40. XVI w.

W Polsce osiada kolejna fala żydowskich uchodźców po prześladowaniach w miastach niemieckich i czeskich

1543

Zygmunt Stary, na prośbę krawców i kuśnierzy lwowskich, zakazuje Żydom z tego miasta wyrobu ubiorów (zwłaszcza chłopskich) i handlu nimi na jarmarkach; zakaz ten ponowiono w 1548 r.

1549

Na Żydów zostaje nałożony podatek — tzw. pogłówne — w wysokości 1 złp.

1549 i 1553
Wydanie przywilejów konstytuujących „trybunał żydowski"
w Lublinie jako najwyższy sąd odwoławczy

1551
Władze gmin żydowskich uzyskują szerokie uprawnienia administ-
racyjne i sądownicze; wobec oporu Żydów król rezygnuje z centralnego systemu pobierania podatków żydowskich przez dwóch
egzaktorów generalnych, wspieranych przez generalnych rabinów
ziemstw; Zygmunt August wylicza w wydanym przez siebie doku-
mencie 5 ziemstw żydowskich; w XVII w. w Koronie będzie ich 9

1556
Proces o „zbezczeszczenie hostii" w Sochaczewie, który — wbrew
woli króla — pociąga za sobą kilka ofiar

1557
Zygmunt August wydaje dekret nakazujący, by procesy o „mordy rytualne i zbezczeszczenie hostii" odbywały się przed sądem
sejmowym w obecności króla i jego najwyższych urzędników;
stanowił on wyraz postawy monarchy, ale nie miał decydującego
wpływu na praktykę sądową

1559
W Lublinie ukazuje się pierwsza w Polsce edycja *Talmudu*; na
terenie Rzeczypospolitej do XIX w. wydano go jeszcze trzykrot-
nie (w Lublinie 1617 – 1628 i Krakowie 1602, 1612 – 1620)

1564
W procesie o „mord rytualny" zostaje skazany, a następnie
stracony, Bernat Abramowicz

1565
Zygmunt August ponownie wydaje dekret skierowany przeciw
procesom o „mordy rytualne i zbezczeszczenie hostii", zaost-
rzając jeszcze wymogi proceduralne

1565

Sejm zabrania Żydom zatrudniania sług-chrześcijan

1567

W Lublinie wzniesiono bóżnicę Maharszalszul (dziś nie istniejącą); nazwa bóżnicy pochodzi od przydomka sławnego talmudysty Salomona Lurii (1510–1573)

1567

Jesziwa lubelska otrzymuje przywilej Zygmunta Augusta, stawiający ją na równi z ówczesnymi akademiami, zawierający m.in. zezwolenie na jej budowę oraz wyłączenie kierującego nią rektora spod jurysdykcji rabina lubelskiego

1568

Gmina krakowska otrzymuje przywilej *de non tolerandis Christianis* na terenie „miasta żydowskiego" na Kazimierzu; podobne przywileje otrzymają Żydzi w Poznaniu w 1633 r. i na Litwie w 1645 r.

1572

W Krakowie umiera rabin Mojżesz ben Izrael Isserles, zw. Remu, autor dzieła *Mapa* — komentarza do *Szulchan Aruch* Josefa Caro (1488–1575), które stanowić będzie praktyczną wykładnię prawa religijnego — obowiązującą dla całej wspólnoty Żydów aszkenazyjskich

1574

We Lwowie ukazuje się tom responsów (odpowiedzi na zawiłe kwestie prawa religijnego) Salomona Lurii, zwanego Maharszal, rektora jesziwy lubelskiej, jednego z najbardziej cenionych w XVI w. autorytetów talmudycznych oraz przeciwnika *pilpulu*

1576

Stefan Batory — wzorem dawniejszych praw, w tym *Statutu kaliskiego* — wydaje dwa dekrety przeciw procesom o „mordy rytualne" (kara śmierci dla rzucających bezpodstawne oskarżenia oraz uznanie rozpuszczających nieprawdziwe pogłoski za oszczerców); prowadzenie tych procesów wznowiono za panowania Wazów (m.in. w: Szydłowie w 1590 i 1597; Gostyninie — 1595; Świniarowie — 1598; Sandomierzu — 1605; Sieku — 1607; Sochaczewie — 1619; Krakowie — 1631)

1577
Sąd rabinacki w Brześciu rozpatruje sprawę przedstawienia z okazji święta Purim, w którym postać złowrogiego Hamana, dążącego do zagłady Żydów, grał aktor przebrany za Iwana Groźnego

1577-1582
Wojna z Rosją o Inflanty; w jej trakcie Żyd Mendel Izakowicz z Krakowa oddaje usługi wojskom polskim jako konstruktor mostów

1578
Stefan Batory wydaje przywilej zezwalający na wolny wybór rabina i sędziów oraz oddający tych, którzy nie podporządkowują się władzy rabina, pod sąd królewski (z karą śmierci i konfiskatą dóbr włącznie), a ponadto poddający rabinów wyłącznie jurysdykcji królewskiej

1579
Ryczałt za pogłówne Żydów zostaje wyznaczony w wysokości 15 tys. złp.

ok. 1580
Powołanie Sejmu Czterech Ziem[stw] (*Waad Arba Aracot*) — najwyższego organu samorządu żydowskiego na ziemiach polskich; w latach 1580—1623 Sejm Żydów Korony i Litwy będzie się zbierać co rok, najczęściej w Lublinie, Tyszowcach lub Jaro-

sławiu; równocześnie z *Waadem* powołany zostaje przy nim Trybunał, wzorowany na Trybunale Koronnym

1581
Sejm Czterech Ziemstw zakazuje pod groźbą klątwy Żydom z Wielkopolski, Małopolski i Mazowsza dzierżawienia czopowego, mennic, ceł i żup solnych, a zwłaszcza ceł w Krakowie i Poznaniu

1581
Ukazuje się dzieło Marcina Czechowica pt. *Odpis Jakuba Żyda z Bełżyc na dialogi Marcina Czechowica, na który odpowiada Jakubowi Żydowi tenże Marcin Czechowic*, stanowiące ślad domniemanego udziału Żydów w dysputach reformacyjnych i polemikach z arianami (Jakub z Bełżyc był też zwany Rabim Nachmanem)

1580–1582
We Lwowie zostaje wzniesiona przez pochodzącego z Włoch muratora Pawła Szczęśliwego bóżnica, ufundowana przez Izaaka Nachmanowicza

1583
Sejm Czterech Ziemstw ustala zasady wyboru seniorów i rabinów

1586
Niespodziewanie umiera Stefan Batory; z tym wydarzeniem wiąże się legenda, wedle której Saul Wahl (1541–1617), Żyd z Brześcia Litewskiego, „sługa nadworny" króla Stefana Batorego (a później także Zygmunta III Wazy), miał rzekomo przez jedną noc sprawować władzę monarszą w Polsce, potwierdzając wszystkie dawne przywileje Żydów polskich

1592
Mendel Izakowicz z Krakowa zostaje wysłany przez Zygmunta III do Grazu w celu podjęcia pertraktacji w sprawie wydania Anny Jagiellonki za jednego z arcyksiążąt habsburskich; misja ta zakończy się niepowodzeniem

1594
Przed tą datą powstaje dzieło karaity Izaaka z Trok (1543 – 1598) pt. *Chizuk emuna* (Utwierdzenie wiary), wzorowane na dysputach reformacyjnych, zawierające apologię judaizmu i krytykę *Nowego Testamentu*; autor znał m.in. dzieła antytrynitarzy polskich; dzieło to doczeka się kilku wydań dopiero pod koniec XVII i w XVIII w.

1595
Statut gminy krakowskiej nakłada na Żydów kary za hołdowanie zbytkowi w strojach oraz w odrębnym rozdziale reguluje sprawy związane z bankructwami; zobowiązuje także swych deputatów do składania relacji po zjeździe Sejmu Czterech Ziemstw ze spraw dotyczących Żydów krakowskich (nakaz ten miał odpowiednik w szlacheckich sejmikach relacyjnych)

1600
Zygmunt III wydaje przywilej zrównujący kupców żydowskich i chrześcijańskich pod względem opłat celnych

1603
Zygmunt III darowuje jezuitom część żydowskiej dzielnicy we Lwowie, jako że Rada Miejska miała teren ten odsprzedać Żydom bezprawnie; związany z tym spór będzie trwał do 1609 r.; jego przedmiotem stanie się przede wszystkim synagoga ufundowana przez Izaaka Nachmanowicza; wedle legendy za cenę życia miała ją uratować synowa fundatora Róża, zw. Złotą; od jej przydomka synagoga ta będzie nazywana synagogą Złotej Róży

1607
Sejm Czterech Ziemstw formułuje zasady operacji finansowych przeciwdziałające lichwie, zezwalając równocześnie na obejście prawa religijnego w tej sferze przez udzielanie pożyczek na procent także współwyznawcom

1607
Wybucha powstanie kozackie Pawła Pawluka skierowane także przeciwko Żydom jako reprezentantom interesów szlachty na Ukrainie; podobny charakter będzie też miało powstanie Semena Nalewajki w 1629 r.

1609
W Pradze ukazuje się pośmiertnie dzieło córki tykocińskiego rabina Rebeki Tiktiner o wychowaniu i obowiązkach kobiet pt. *Meneket Riwka* (wyd. 2: Kraków 1618); jest to jedyny znany przykład książki napisanej w okresie staropolskim przez Żydówkę

1613
Kahał krakowski zatwierdza statut cechu kuśnierzy; jest to pierwszy znany dokument tego typu z terenu ziem polskich; do 1795 r. odnotowano istnienie przeszło stu cechów żydowskich

1615-1628
Sejm Czterech Ziemstw podejmuje interwencję w konflikcie wewnątrzgminnym we Frankfurcie n. Menem, dotyczącym naruszania tradycji samorządu kahalnego; zakończy ją klątwa rzucona na zjeździe Sejmu w Lublinie

1618-1648
Wojna trzydziestoletnia staje się przyczyną ostatniej wielkiej fali imigracyjnej Żydów zachodnioeuropejskich do Polski; w 1642 r. ziemstwo wielkopolskie przeprowadza zbiórkę funduszy na pomoc żydowskim uchodźcom z Niemiec

1618-1648
Chrześcijańscy złotnicy krakowscy i lwowscy podejmują wspólną akcję przeciw żydowskim konkurentom

1620
Sejm Czterech Ziemstw zakazuje Żydom żenić się przed ukończeniem 20 roku życia bez pozwolenia rodziców

1622
Ukazuje się pierwsze znane nam wydanie książki *Cena u-Reena* (Pójdźcie i patrzcie) Jakowa (Jakuba) Askenazego (ok. 1550–1626), najpopularniejszego dzieła literatury jidisz (do dziś miało ono ok. 250 edycji); pierwsze edycje tego utworu ukazały się w Lublinie i Krakowie

1623
Wyodrębnienie się „sejmu żydowskiego" na Litwie — *Waad medina Lite*; będzie on obradować początkowo w Brześciu, potem także w wielu innych miejscowościach: Prużanach, Sielcu, Chomsku itd.; wydeleguje on także rabina pełniącego funkcję łącznika między trybunałami obu sejmów żydowskich w Rzeczypospolitej, które w razie potrzeby odbywać będą także wspólne zjazdy (zazwyczaj w Łęcznej k. Lublina)

1624
Sejm Czterech Ziemstw wydaje przepisy o ochronie wierzycieli przed nieuczciwymi bankrutami w celu ochrony żydowskiego handlu

1626
Bankierzy Izaak Nachmanowicz i Izaak Abramowicz udzielają wielkiej pożyczki Zygmuntowi III na prowadzenie wojny szwedzkiej

1627

Zygmunt III wydaje reskrypt do mieszczan lwowskich nakazujący im nieutrudnianie Żydom handlu oraz zawieranie w przyszłości umów i przestrzeganie w tym względzie dawniejszych postanowień

1628

Sejmy Żydów w Koronie i na Litwie wydają przepisy chroniące gminy przed odpowiedzialnością za długi ich członków, obejmujące zakaz zaciągania pożyczek bez wiedzy starszyzny (tzw. chazaka, zezwolenie przez kahał na korzystanie z kredytu; właściwie był to rodzaj koncesji wydawanej przez gminę i dotyczącej różnych spraw, za co pobierała ona specjalne opłaty)

1628

Sejm Żydów litewskich w obawie przed oskarżeniami o „mordy rytualne" nakazuje zmniejszyć liczbę zatrudnianej przez Żydów służby chrześcijańskiej

1629

Gminy Podlasia (z Tykocinem na czele) przechodzą z prowincji litewskiej żydowskiego samorządu do Korony; pełnię praw w Sejmie Czterech Ziemstw uzyskają one w 1678 r.

1629

Gmina poznańska wydaje przepisy przeciwko hołdującym zbytkowi; w podobnym duchu będą utrzymane m.in. uchwały Sejmu Żydów litewskich z 1637 r.

1629

Muzycy żydowscy we Lwowie zawierają układ ze swymi chrześcijańskimi kolegami, zgodnie z którym wolno im będzie grać na chrześcijańskich weselach oraz najmować muzyków-chrześcijan dla dokończenia pracy w soboty i święta żydowskie

1633
Sejm Czterech Ziemstw wydaje uchwałę regulującą zasady postępowania w sprawach związanych z wydatkami na podarunki dla króla, marszałka izby poselskiej i posłów

1633
Z tego roku pochodzi pierwsza wzmianka o istnieniu wspólnej komisji Żydów z Korony i Litwy koordynującej ich działania na zewnątrz, m.in. w sprawach łapówek, podarunków dla urzędników królestwa i innych wspólnych akcji oraz ustalania podziału nakładów na nie

1633
Władysław IV wyznacza teren, na którym wolno mieszkać Żydom w Wilnie; było to pierwsze w ten sposób prawnie usankcjonowane getto w Polsce

1637
Żacy Akademii Jagiellońskiej wzniecają w Krakowie tumult antyżydowski

1639
Sejm Żydów litewskich podejmuje kilka uchwał dotyczących szkolnictwa, m.in. zobowiązujące nauczycieli do powtarzania całego materiału, studiujących *Talmud* — do studiowania także *Biblii*, oraz zakazujące zmniejszania liczby uczniów w szkołach utrzymywanych przez gminy

1640 i 1642
Sejm Czterech Ziemstw powołuje w poszczególnych gminach komisje mające czuwać nad przestrzeganiem przepisów o unikaniu zbytku podczas uroczystości weselnych (wydawać one będą drobiazgowe zalecenia w tym względzie)

1642
Synod duchowieństwa katolickiego diecezji poznańskiej m.in. podejmuje uchwałę zakazującą Żydom pracy w czasie świąt chrześcijańskich

1643
Władysław IV nakazuje gminie krakowskiej, by ta wraz z kahałami we Lwowie, Poznaniu i Lublinie zebrała sumę 60 tys. złp. na „zniesienie długów Rzeczypospolitej"; był to przykład tzw. podatku nadzwyczajnego; przyjmował on też formę podatków: koronacyjnych (składanych monarsze z okazji objęcia tronu), na wyprawy wojenne, na *subsidia charitativa* (wypłacane tak sułtanom i chanom, jak i w — szczególnych wypadkach — polskim wielmożom), na okupy i haracze

1644
Sejm Czterech Ziemstw wydaje rozporządzenie dla sądów żydowskich o postępowaniu spadkowym w stosunku do wdów

połowa XVII w.
Ludność żydowska w Rzeczypospolitej liczy ok. 0,5 mln osób, tj. ok. 5% ogółu mieszkańców; w połowie miast istnieją skupiska żydowskie, w województwach wschodnich zaś — w dwóch trzecich

1648-1649
Pogromy dokonywane przez uczestników powstania Chmielnickiego przynoszą zagładę wielu skupiskom żydowskim na Kresach oraz początek emigracji żydowskiej z Polski (zginęło wówczas bądź wyemigrowało na zachód Europy ok. 20—25% Żydów); kolejne straty poniosą gminy żydowskie w czasie wojny z Moskwą i najazdu szwedzkiego w latach 1654 i 1655—1657; wydarzenia te mieć będą liczne konsekwencje — od nasilenia się w kulturze Żydów polskich tendencji mistycznych, po utratę znaczenia

kahałów głównych na rzecz mniejszych; pożyczki zaciągane na odbudowę pociągną za sobą załamanie się finansowe gmin i przeciążenie podatkowe plebsu żydowskiego oraz związane z tym napięcia społeczne; w strukturze autonomii Żydów w Polsce sejmiki ziemstw zyskają na znaczeniu — zjawisko analogiczne do sejmikowładztwa w polskim parlamentaryzmie

1649–1763
W okresie tym powstaje w Polsce 39 żydowskich cechów rzemieślniczych

1652
Sejm Czterech Ziemstw wydaje rozporządzenie regulujące podejmowanie interwencji przeciw starostom i magistratom żądającym od Żydów zaległych podatków za okres wojny

1653
W Wenecji ukazuje się kronika pt. *Jawejn Mecula* (Bagno głębokie) Natana Hannowera (Hanowera), najbardziej znana relacja o pogromach 1648 r.

1654
W związku z objawami paniki wśród Żydów polskich, będącej wynikiem mnożących się oskarżeń o „mordy rytualne", Sejm Czterech Ziemstw wysyła Jakuba ben Naftali z Gniezna z poselstwem do papieża; nie dotarł on do Innocentego X, ale uzyskał pismo generała zakonu dominikanów w sprawie ochrony Żydów przed fałszywymi oskarżeniami

1654
Jan Kazimierz wydaje przywilej dla cechu muzyków żydowskich w Lublinie

1655

Sejm Żydów litewskich postanawia zabiegać o konstytucję sejmu polskiego umożliwiającą żydowskiemu samorządowi uciekanie się do pomocy władz przy ściąganiu podatków z ludności żydowskiej

1655-1662

Sejm Żydów litewskich nie zbiera się z powodu wojen szwedzkiej i moskiewskich

1656

Z tego roku pochodzi pierwsza informacja o zadłużeniu Sejmu Czterech Ziemstw, który zalega z wpłaceniem 3 tys. złp. na poczet podatków

1656

Delegacja Żydów krakowskich składa Janowi Kazimierzowi sumę 60 tys. czerwonych złotych jako tzw. *donativum charitativum*, by pozyskać króla dla sprawy obrony Żydów przed oskarżeniami o zdradę w czasie „potopu szwedzkiego"; dwa lata później m.in. zarzut ten będzie pretekstem wygnania z Polski arian; żadne zabiegi nie mogły jednak ustrzec Żydów przed atakami w czasach wojen od 1655 r. aż po lata osiemdziesiąte (m.in. pogromy w Krakowie w 1662 i 1663 r. oraz we Lwowie w 1664 r.)

1658

Jan Kazimierz zwalnia z płacenia podatków Żydów poznańskich i kaliskich na 4 lata ze względu na zniszczenia wojenne

1660

Król wydaje list żelazny dla Żydów zamieszkałych na podkrakowskim Kazimierzu, skazanych przez Trybunał Lubelski na utratę czci i mienia w związku z oskarżeniami grupy duchownych krakowskich, pomawiających ich o sprzyjanie Szwedom w czasie „potopu"

1661
Jan Kazimierz zwalnia rabinów z płacenia podatków osobistych

1661
Jan Kazimierz wydaje przywilej zezwalający Żydom na handel w święta chrześcijańskie oraz przekazujący opiekę nad żydowskimi sierotami rabinom i starszym gmin żydowskich

1665
Jan Kazimierz wydaje uniwersał do urzędników miejskich, grodzkich i ziemskich w dobrach królewskich i prywatnych, w którym nakazuje należyte traktowanie skarbników żydowskich i udzielanie im pomocy w egzekwowaniu podatków

1666
Deputaci z Krakowa, nie stawiając się na Sejm Czterech Ziemstw, sabotują otwarcie zjazdu; zostaną za to ukarani grzywną; w razie niestawienia się na następne zjazdy grozić im miały dalsze surowe konsekwencje

1666
Z tego roku pochodzi pierwsza wzmianka o tzw. Komisji Warszawskiej (*Waad Warsza*); składała się ona z ośmiu członków z syndykiem („żydowskim ambasadorem" przy dworze królewskim) na czele; jej zadaniem było czuwanie w stolicy w czasie obrad sejmu polskiego nad sprawami dotyczącymi Żydów; w działaniach tych uczestniczył też Sejm Żydów litewskich

1666
Sejm Czterech Ziemstw podejmuje interwencję na rzecz emigrantów z Polski w związku z konfliktami wśród Żydów w Amsterdamie

1667

Jan Kazimierz wydaje uniwersał do wojsk koronnych, biorący Żydów z Przemyśla w obronę przed prześladowaniami; król ten wydał wiele tego rodzaju dokumentów (m.in. w 1665 r., w porozumieniu z senatem, 10 uniwersałów do poszczególnych województw w sprawie zapewnienia Żydom bezpieczeństwa)

1670

Sejm Czterech Ziemstw ogłasza klątwę przeciw „fałszywemu mesjaszowi" Sabatajowi Cwi

ok. 1670

Gmina krakowska popada w konflikt z podległymi sobie kahałami; wychodzi z niego tak osłabiona, że w 1717 r. stolica ziemstwa małopolskiego zostanie przeniesiona do Pińczowa

1672

Władze gminy w Poznaniu pod karą klątwy zabraniają obcym żebrakom przybywać do miasta, a swoim członkom — udzielać im pomocy

1672

W czasie najazdu tureckiego do niewoli dostaje się wielu Żydów z Podola i Ukrainy; w 1676 r. Sejm Czterech Ziemstw zainicjuje akcję zmierzającą do ich wykupu, korzystając przy tym z pomocy współwyznawców z Amsterdamu

1673

Sejm Czterech Ziemstw obniża stopę procentową pożyczek udzielanych przez Żydów współwyznawcom do 30% oraz wydaje zakaz zaciągania bez zgody władz gminy pożyczek u szlachty i duchowieństwa, a także ubiegania się o arendy

1676
Sejm Czterech Ziemstw wzywa Żydów z Korony do zachowania jedności i dyscypliny wobec władz gminnych oraz zakazuje dzierżawienia majątków państwowych i szlacheckich, a wreszcie prowadzenia handlu z nie-Żydami bez zgody władz kahalnych

1677
Po raz pierwszy zostaje zerwany sejm Żydów koronnych (do zerwania sejmu polskiego po raz pierwszy doszło w 1652 r.)

1677
Sejm Czterech Ziemstw w Jarosławiu, a następnie w 1678 r. w Lublinie wyraża zgodę na druk w Amsterdamie *Biblii* w języku jidisz

1677
Jan III Sobieski zezwala żydowskim seniorom kahałów miast „głównych" karać nieposłusznych Żydów w miejscu zamieszkania oraz na jarmarkach poprzez konfiskaty dóbr i towarów oraz sądzić ich według praw żydowskich; był to wyraźny sygnał, że tradycyjna sankcja w postaci klątwy bywała już niewystarczająca

1678
Konstytucja sejmowa zakazuje Żydom brania w arendę dóbr królewskich

1680
Wobec skarg na niewyraźny druk ksiąg, co naraża na niebezpieczeństwo wzrok uczącej się młodzieży, Sejm Czterech Ziemstw nakazuje żydowskim drukarzom podniesienie jakości druku

1682
Jan III Sobieski wobec licznych bankructw kupców wydaje uniwersał chroniący Żydów z Wielkopolski przed stosowaniem odpowie-

dzialności zbiorowej oraz zakazujący rabunków i nakazujący dochodzenie roszczeń wobec Żydów drogą sądową

1685
Żydzi z Leszna zakładają pierwszą nowożytną bóżnicę we Wrocławiu; zostanie ona zamknięta w 1692 r. i wówczas *Waad* koronny zaprotestuje, grożąc bojkotem tamtejszych jarmarków; w efekcie tego bóżnica zostanie otwarta w 1694 r.; podobne wydarzenia będą miały tu miejsce w 1696 i 1700 r.

1686
Jan III Sobieski zakazuje uniwersałem honorować jakiekolwiek listy protekcyjne, mające zapewniać Żydom ulgi przy uiszczaniu pogłównego

1689
Zostaje wydany list na zaciąg chorągwi cechu żydowskiego w Rzeszowie dla obrony miasta

1690
Sejm szlachecki po uchwaleniu żydowskiego pogłównego wydaje konstytucję o zachowaniu praw Żydów i pomocy władz Rzeczypospolitej przy zapobieganiu tumultom antyżydowskim

1692
Sejm Czterech Ziemstw nakazuje przykahałkom (tj. skupiskom żydowskim nie posiadającym praw gminy, m.in. ze względu na to, że nie mają bóżnic bądź cmentarzy), położonym do 2 mil od miast „generalnych" oraz Żydom ze wsi podporządkowywać się w sprawach fiskalnych władzom gmin owych miast

1694
Z tego roku pochodzi dokument zawierający potwierdzenie „starego zwyczaju" udzielania przez sejmiki instrukcji deputa-

tom na Sejm Czterech Ziemstw, noszącego znamiona podobieństwa do „sejmikowładztwa" w demokracji szlacheckiej

1698
Wojewoda poznański wydaje uniwersał zakazujący w czasie najbliższej elekcji gminnej wybierania seniorów, którzy pełnili tę funkcję przez ostatnie dwa lata; była to jedna z prób przezwyciężenia dominacji oligarchii w żydowskim samorządzie

1699
Ziemstwo wielkopolskie staje się niewypłacalne; komisarze królewscy, a następnie Sejmu Czterech Ziemstw, nie mogą uporać się z tym problemem; sytuacja ta powtórzy się w 1713 r.

1699
Sejm Czterech Ziemstw wysyła do Wielkopolski komisję w celu rozpatrzenia skarg tamtejszych małych gmin na nadmierne opodatkowanie na rzecz ziemstwa oraz zakazuje importu z zagranicy książek w celu poparcia ich rodzimej produkcji w Żółkwi

1702
Po raz pierwszy zostaje zerwany sejmik żydowski, zbojkotowany przez deputatów jednego z kahałów

1704–1720
Sejm Żydów litewskich nie zbiera się z powodu trzeciej wojny północnej

1705
Seniorzy gminy w Jerozolimie kierują prośbę do Sejmu Czterech Ziemstw o rozpatrzenie sporu z sabataistami, którym przewodzi pochodzący z Polski Chaim Mejłech; podobne interwencje w sprawach zwolenników sabataizmu Sejm Czterech Ziemstw podejmował parokrotnie

1709
W Poznaniu wybucha zaraza; następnie gmina tamtejsza będzie
się borykać ze skutkami pożarów z lat 1716—1717 oraz oskarżenia o „mord rytualny" z 1736 r.; wydarzenia te doprowadzą do
utraty przez nią przewodnictwa w ziemstwie wielkopolskim — jej
rolę przejmie stopniowo kahał leszczyński

1712
Żydzi zostają wygnani z Sandomierza

1713
Z powodów finansowych zostaje zamknięta jesziwa poznańska

1715
W gminie krakowskiej opozycja występuje przeciw „dyktaturze"
Zachariasza Mendla Kantorowicza; spór zakończy się banicją
i ucieczką jej przywódcy; podobne starcia oligarchii gminnej
z opozycją miały miejsce także w innych ośrodkach, np. w Lesznie
w 1754 r.

1717
„Sejm niemy" podwaja ryczałt pogłównego żydowskiego, ustala-
jąc jego wysokość na 220 tys. złp.; w przyszłości wielkim
problemem staną się tzw. długi żydowskie lub kahalne (gminne)

1717
Sejm Czterech Ziemstw powołuje po raz pierwszy trzech wier-
ników (sekretarzy); w późniejszym okresie będzie ich 4—5;
zwiększenie liczby osób sprawujących tę funkcję wiązało się
z coraz to bardziej skomplikowanymi sprawami podatkowymi

1718
August II Mocny wydaje uniwersał zakazujący rozpatrywania
przez sądy miejskie spraw cywilnych i karnych przeciw Żydom,
gdyż podlegają one sądom wojewodzińskim

1722
Rabin lwowski Jakub Jozue wyklina zwolenników „fałszywego mesjasza" Sabataja Cwi; sabataistów wyklina też rabinat krakowski

1730
Od tego roku Sejm Żydów litewskich zbiera się co 10 lat

1732
Cech krawców w Berdyczowie zostaje uwolniony przywilejem wojewódzkim z nadzoru miejscowej gminy

1734–1736
Na Kresach dochodzi do pogromów Żydów w czasie tzw. hajdamaczyzny

1737
Powstaje zakon żeński *Mariae Vitae*, który będzie prowadził akcję misyjną wśród dziewcząt żydowskich na terenie Wileńszczyzny; jego sukcesy na tym polu prawdopodobnie miały związek m.in. z praktyką porywania dzieci żydowskich i chrzczenia ich wbrew woli rodziców

1739
Podskarbi wielki koronny swym ordynansem zakazuje łączenia funkcji marszałka i wiernika (sekretarza) *Waadu*; podobne uchwały przeciw kumulacji urzędów podejmował sejm szlachecki m.in. w dobie egzekucji praw

1740
Sejmik ziemstwa ruskiego ustala stosunki starszyzny tegoż ziemstwa ze starszyzną gmin lwowskich (przedmiejskiej i miejskiej); jest to zamknięcie procesu utraty znaczenia tych ostatnich w regionalnym samorządzie na przełomie XVII i XVIII w.

1740

W Mohylewie powstaje jedna z najbardziej znanych polichromii bóżniczych, dzieło Chaima Segala ze Słucka (przodka jednego z najbardziej znanych malarzy XX w. Marca Chagalla)

1740-1745

Baal Szem Tow, zw. także Besztem (właściwie Izrael ben Eliezer, ok. 1700–1760), owiany legendą inicjator ruchu chasydzkiego, zrodzonego z opozycji do rabinicznego judaizmu, osiada w Międzybożu; wokół niego skupia się grupa zwolenników, z której wywodzili się pierwsi „apostołowie" chasydzmu; od XIX w. chasydzm będzie jednym z najważniejszych nurtów odnowy duchowej tradycyjnego judaizmu

1741

Sejm Czterech Ziemstw jest zadłużony na sumę 484.406 złp.; dług ten rozkłada się następująco: 49,6% tej sumy *Waad* winien jest skarbowi, a 50,5% — wierzycielom prywatnym (w tym duchowieństwu katolickiemu — 22,3%); na wierzycieli chrześcijan (łącznie ze zobowiązaniami wobec skarbu) przypada 75% tego długu

1742

Sejm Czterech Ziemstw wzywa Żydów polskich do zbiórki pieniędzy na rzecz pielgrzymów udających się do Palestyny; kontakty z nią nie były określane przez instytucje autonomii Żydów w Polsce jako kontakty zagraniczne

ok. 1743

Ziemstwo wołyńskie jest obciążone rekordowym długiem w wysokości ok. 750 tys. złp.; prawie wszystkie jednostki organizacyjne samorządu żydowskiego (ziemstwa, okręgi, gminy) są już wówczas poważnie zadłużone

1747

Papież Benedykt XIV wydaje bullę przyznającą dzieciom, które ukończyły 7 lat, prawo decyzji w sprawie zmiany religii; sankcjonuje ona przypadki konwersji w wyniku porywania dzieci; w okresie porozbiorowym będą akceptować takie „nawrócenia" w monarchii habsburskiej patent cesarzowej Marii Teresy z 1775 r. oraz praktyka władz w Królestwie Polskim w pierwszej połowie XIX w.

1753

Podskarbi wielki koronny po raz pierwszy określa swym uniwersałem datę i miejsce zjazdu *Waadu* oraz wyznacza dlań komisarza, który następnie wyda dyspozycję o zwoływaniu dalszych zjazdów Sejmu Czterech Ziemstw, potwierdzoną przez podskarbiego; ta ingerencja w wewnętrzne sprawy *Waadu* związana jest z trudnościami przy egzekwowaniu podatków żydowskich

1753

Sejm Czterech Ziemstw wydaje uchwałę o kompetencjach sądów żydowskich, zobowiązującą władze gmin do zwracania się ze sprawami spornymi do sądów ziemstw i okręgów, gdyż *Waad* nimi się nie zajmuje

1753

Podczas zjazdu Sejmu Czterech Ziemstw w Jarosławiu dochodzi do gwałtownego starcia przedstawicieli ortodoksji ze zwolennikami sabataizmu

1754

Sejmik małopolski wydaje upomnienie dla swoich deputatów na Sejm Czterech Ziemstw, zobowiązujące ich do przestrzegania instrukcji sejmikowych

1755

„Fałszywy mesjasz" Jakub Frank (1726—1791) podejmuje działalność na ziemiach polskich, zapoczątkowując ruch frankistowski

1756

Rabini zebrani w Brodach rzucają klątwę na Jakuba Franka i jego wyznawców

1757

Dysputa frankistów z Żydami zorganizowana w Kamieńcu Podolskim przez biskupa Mikołaja Dembowskiego

1758

Na prośbę polskich frankistów August III wydaje list żelazny dla Jakuba Franka

1758

Reprezentant Sejmu Czterech Ziemstw wysłany do Rzymu w związku z procesami o „mordy rytualne" po paroletnich zabiegach uzyskuje list Benedykta XIV, w którym papież przestrzega przed wysuwaniem nowych oskarżeń; w 1760 r. nuncjusz papieski wystosuje list w podobnym tonie do pierwszego ministra dworu saskiego Henryka Brühla, podkreślając, że wyraża w nim opinię papieża Klemensa XIII

1758

We Lwowie ukazuje się antysemicki traktat ojca Gaudencjusza Pikulskiego pt. *Złość żydowska*; pod wpływem tego dziełka w 1761 r. sejmik szlachecki w Sądowej Wiszni nakaże spalenie *Talmudu*, zamknięcie drukarń żydowskich oraz odprawianie przez Żydów modlitw w języku łacińskim bądź polskim

1759

We Lwowie odbywa się dysputa frankistów z ich żydowskimi przeciwnikami; frankiści m.in. stawiają zarzut, że *Talmud* nakazuje dokonywanie „mordów rytualnych"; Frank i jego zwolennicy przyjmują chrzest

1760
Po śmierci Baal Szem Towa najważniejszym autorytetem wśród chasydów staje się Dow Ber z Międzyrzecza (1710—1772), zw. Wielkim Magidem; jego rolę w kształtowaniu się ruchu chasydzkiego porównywano do tej, jaką we wczesnym chrześcijaństwie odegrał św. Paweł; Dow Ber był twórcą teorii, wedle której cadyk (przewodnik duchowy grupy chasydów) jest pośrednikiem między swymi zwolennikami a Stwórcą

1764
Sejm wydaje konstytucję znoszącą *Waad*, głównie ze względu na to, że nie może on wywiązać się z najważniejszego dla Rzeczypospolitej obowiązku, tj. ściągania podatków żydowskich; Żydzi opuszczający swoją gminę zostają zobowiązani do przedstawiania dowodu uiszczenia pogłównego

1765
Sejmowa Komisja Skarbu wyłania Komisję Likwidacyjną, która przy udziale starszyzny żydowskiej oraz wierzycieli ma doprowadzić do rozliczenia długów organów samorządu Żydów; oszacuje ona, że długi te wynoszą przeszło 2,5 mln złp., i to bez uwzględnienia zobowiązań poszczególnych gmin, które w sumie miały być pięciokrotnie wyższe

1765
Stanisław August na prośbę Żydów krakowskich wydaje *Sumariusz* przywilejów, stanowiący ostatnie monarsze potwierdzenie praw Żydów w Rzeczypospolitej; podobne potwierdzenia wydawali: Jan III Sobieski w 1676 r. i August II Mocny w 1735 r.

1766

W Rzeczypospolitej mieszka ok. 750 tys. Żydów, tj. ok. 7% ogółu ludności

1768

Na Ukrainie wybucha powstanie chłopów i hajdamaków ukraińskich przeciw szlachcie i związanym z nią Żydom; pogromy z tego okresu przejdą do historii jako „rzeź humańska"

1768

Sejm podejmuje uchwałę nakazującą Żydom zawieranie z mieszczanami paktów, regulujących warunki korzystania przez nich z praw miejskich oraz podział obowiązków wobec miast; ograniczała ona prawa Żydów, lecz równocześnie mogła przyczynić się do uporządkowania ich stosunków z mieszczaństwem

1772

Rabin Elijahu ben Salomon Zalman (1720—1797), zwany Gaonem z Wilna, główna postać ortodoksji zwalczającej chasydyzm (misnagdów), rzuca klątwę na chasydów; podobną klątwę rzuca na nich rabinat w Brodach; chasydzcy cadycy uchodzą z Litwy

1772

Pochodzący z Polski Salomon Dubno (1738—1813), jeden z protagonistów oświecenia żydowskiego, zostaje nauczycielem syna Mojżesza Mendelsohna, zwanego ojcem haskali; to on nakłoni Mendelsohna do dokonania przekładu *Pięcioksięgu* na niemiecki, co stanie się kluczowym momentem w dziejach haskali

1775

W Warszawie posiadającej przywilej *de non tolerandis Judaeis* marszałek wielki koronny Stanisław Lubomirski nakazuje konfiskować Żydom towary oraz zburzyć ich domy i sklepy w podwarszawskich osadach magnackich: Nowy Potok i Nowa Jerozolima; Żydzi osiedlą się wkrótce w Warszawie na Lesznie, w Pociejowie i na Tłomackiem, skąd zostaną usunięci w 1785 r.; mieszczanie warszawscy podejmą zabiegi o całkowite wyrugowanie Żydów z miasta w dobie Sejmu Czteroletniego, m.in. przedstawiając w 1788 r. przywileje dotyczące tej sprawy

1775
Sejm ustanawia specjalny podatek od ksiąg hebrajskich i żydowskich

1776
Andrzej Zamoyski, kanclerz wielki koronny, opracowuje projekt wygnania z Polski Żydów nie posiadających stałego źródła dochodu i obłożenia pozostałych wysokimi podatkami

1780
Na wniosek Hugona Kołłątaja zniesiono tzw. kozubalec, tj. „podatek" pobierany przez żaków od Żydów przechodzących lub przejeżdżających koło ich szkoły

1780
Szmul Jakubowicz Zbytkower (zm. 1801) — owiany legendą bankier ostatniego króla Polski, a równocześnie wielki kupiec, dostawca wojskowy i przemysłowiec oraz protoplasta wpływowej warszawskiej rodziny Bergsonów — uzyskuje od Stanisława Augusta pozwolenie na założenie cmentarza żydowskiego na Pradze

1781
Ukazanie się drukiem pierwszej książki chasydzkiej (*Toldot Jaakow Josef*) wywołuje kolejną falę prześladowań chasydyzmu; druga klątwa Gaona z Wilna; wspomniane dzieło zostaje spalone na polecenie rabinatu brodzkiego przed domem cadyka rabiego Jechiela Michała ze Złoczowa

1783
Biskup wileński Ignacy Masalski wydaje list pasterski prze-
strzegający księży przed chrzczeniem dzieci żydowskich bez
wiedzy rodziców; biskup ten, związany z nurtem oświeceniowym,
przyczyni się także do kasaty żeńskiego zakonu *Mariae Vitae*,
m.in. ze względu na „nawracanie" przez to zgromadzenie żydowskich dzieci

1785
W Krakowie i jego okolicach tamtejszy rabinat ogłasza klątwę
przeciw chasydom; tenże rabinat rzuci ją powtórnie w 1797 r. na
Żydów czytających książki chasydzkie

1787
Uniwersał królewski nakłada na gminy żydowskie obowiązek
rejestracji włóczęgów i kierowania ich do robót publicznych

1788-1792
Sejm Wielki podejmuje próby tzw. reformy Żydów; 22 VI 1790 r.
wybiera deputację dla opracowania ustawy o statusie prawnym
Żydów; powstaje kilka projektów reform i bogata literatura na
ten temat; głos zabierają także przedstawiciele strony żydowskiej;
do uchwalenia „konstytucji o Żydach" jednak nie dochodzi
z powodu konfederacji targowickiej i wojny z Rosją

1790-1791
W Polsce żyje ok. 900 tys. Żydów, tj. 10% ogółu ludności; wedle
szacunków stanowili oni ok. 80% żydostwa światowego

1792
Z okazji pierwszej rocznicy uchwalenia Konstytucji 3 maja
nieznany autor tworzy okolicznościowy hymn, śpiewany podczas
uroczystości przez Żydów w Warszawie i innych miastach
Rzeczypospolitej

1794
Wybucha insurekcja kościuszkowska; Żydzi biorą udział w kwietniowej obronie Warszawy; Berek Joselewicz staje na czele „pułku lekkokonnego starozakonnego"

4 XI 1794
Wojska rosyjskie zdobywają szturmem Pragę (w obronie której ginie większość żołnierzy Joselewicza), po czym wycinają w pień jej mieszkańców; „rzeź Pragi" pochłania liczne ofiary wśród Żydów; wedle legendy wstrząśnięty nią Szmul Zbytkower miał ofiarować srebrnego rubla każdemu, kto pochowa zabitego, dukata zaś za przyniesienie rannego; rocznica tych tragicznych wydarzeń będzie czczona w praskich bóżnicach jeszcze w okresie międzywojennym

2. PO UTRACIE NIEPODLEGŁOŚCI (XVIII – XX w.)

Okres porozbiorowy był w dziejach Żydów polskich epoką wielkich i fundamentalnych przemian. W Rzeczypospolitej szlacheckiej życie tej społeczności — wyjąwszy czasy wojennych niepokojów oraz konfliktów z mieszczańskimi konkurentami — biegło „utartym traktem", który wyznaczały tradycja religijna oraz specyficzna pozycja prawna i gospodarcza, jaką zajęli Żydzi w społeczeństwie staropolskim. W nowy okres swej historii, który otwierała utrata przez Polskę niepodległości, wchodzili w sytuacji głębokiego kryzysu (niepokoje religijne, niewydolność starych form samorządu i olbrzymie jego zadłużenie). Równocześnie jednak pojawiły się już zwiastuny przyszłych przemian (chasydyzm jako odnowa skostniałego rabinicznego judaizmu, pierwsze powiewy haskali oraz podjęcie dyskusji nad reformami dotyczącymi różnych sfer ich życia, w tym statusu prawnego).

Pod rządami zaborców sytuacja Żydów polskich w wielu dziedzinach życia pogorszyła się. W krajach rządzonych przez władców absolutnych nie było miejsca dla rozbudowanego żydowskiego samorządu. W dobie oświeconego absolutyzmu i później władze zaborcze niechętnie patrzyły na zachowywanie przez Żydów polskich swej odrębności. Jednak siła związanej z religią tradycji była tak wielka, że ortodoksyjna większość społeczności żydowskiej potrafiła wytrwać przy dawnych formach egzystencji oraz oprzeć się dyktatom i kontroli z zewnątrz.

Rozbiory wpłynęły też na pogorszenie się sytuacji ekonomicznej Żydów. Podatki nakładane na nich wyraźnie wzrosły, a kraj przeżywał depresję. Mimo licznych ograniczeń prawnych, dodatkowo utrudniających prowadzenie działalności gospodarczej, większa niż w nieżydowskim otoczeniu mobilność spowodowała, że z czasem udawało się Żydom odnajdywać nowe źródła dochodów. Powodzenie osiągnięte — zwłaszcza w drugiej połowie XIX w. — przez niektórych wybitnych działaczy gospodarczych i finansistów przyczyni się do powstania wpływowej plutokracji żydowskiej. Sukcesy te nie zostaną już powtórzone w okresie następnym.

Pod rządami zaborców Żydzi polscy zostali poddani wielu ograniczeniom prawnym. Stawiały one przed częścią społeczności żydowskiej, podobnie jak hasła emancypacji związane z haskalą, problem rozbicia niewidzialnych murów getta i gruntownej modernizacji swej egzystencji. Zaczynem pożądanych przemian miała być oświata i korzystanie ze zdobyczy cywilizacyjnych. Jednak grupa tzw. postępowców, odchodząc od tradycyjnych form życia, często stykała się z agresją ze strony tradycjonalistów. Konflikty te wpływały nie tylko na radykalizację stanowisk, ale i prowadziły do trwałych podziałów. Podobne były losy reformowanego judaizmu. Początkowo zwolennikom zmian chodziło o wprowadzenie, głównie do obrządku i praktyk religijnych, form, które mogłyby zadowolić postępowców i ludzi częściowo zasymilowanych. Jednak już pod koniec XIX w. dla wielu stawało się jasne, że procesy modernizacyjne w tej sferze prowadzą jeśli nie do odstępstwa, to przynajmniej do zamierania gorliwości religijnej i powiększania dystansu między wyemancypowanymi postępowcami i asymilatorami a wierną tradycji większością społeczności żydowskiej. Sukcesy na polu modernizacji życia żydowskiego nie były jednak uzależnione wyłącznie od wysiłków światłych jednostek, ale przede wszystkim od polityki państw zaborczych, stosunku otoczenia nieżydowskiego i wreszcie postawy ortodoksyjnej bądź chasydzkiej większości społeczności żydowskiej. Toteż na równouprawnienie, bodaj formalne, Żydzi musieli długo czekać.

Dążenia do emancypacji i uzyskania równouprawnienia pociągały za sobą przemiany kulturowe. Miały one także inne przyczyny. Najpierw haskala dokonała sporych wyłomów w tradycyjnym świecie wartości. Społeczeństwo żydowskie uległo dość głębokim podziałom na maskili, czyli jej zwolenników, misnagdów, czyli wyznawców tradycyjnego judaizmu rabinicznego, których konflikt z chasydami początkowo wyrażał się w nader gwałtownych formach. Z czasem pojawili się zwolennicy asymilacji, która miała wiele odcieni – od dążenia do pełnego utożsamienia się z kultura polską bądź niemiecką (rzadziej rosyjską) poprzez różne formy łączenia asymilacji z zachowaniem związków z kulturą żydowską. Przynajmniej w przypadku środowisk wyemancypowanych można też mówić o częściowej sekularyzacji życia żydowskiego. Proces ten narastał bardzo powoli, zataczając coraz szersze kręgi, choć ludzie głęboko religijni stanowili większość społeczności żydowskiej.

W drugiej połowie XIX w. ujawnił się już wyraźnie ruch odrodzenia narodowego. On to właśnie miał stać się zaczynem najpoważniejszych przemian wśród Żydów polskich. Jego mniejszy lub większy wpływ z czasem obejmie znaczną część ich społeczności. Po okresie nieśmiałych początków pod koniec XIX w. wyraźnie wzrasta dynamika przemian, uzyskując swe apogeum w początkach XX w. (w Królestwie Polskim ok. 1905 r.). W krótkim czasie zbudowany został nowy świat żydowski, wzniesiony na fundamencie dokonań środowisk związanych z haskalą, emancypacją i asymilacją, ale równocześnie w opozycji do tych nurtów. Powstawać zaczęła nowoczesna, w znacznej mierze świecka, kultura żydowska (jidisz, hebrajska i polsko-żydowska). Jej głównymi stymulatorami były rozwój życia politycznego, szkolnictwa, literatury, teatru, ale przede wszystkim prasy — zwłaszcza wielkonakładowych dzienników. Budowa zrębów nowoczesnej kultury była największym dorobkiem Żydów polskich w dobie porozbiorowej.

Zmierzch ustroju feudalnego na ziemiach polskich w XIX w., tak jak wszędzie w Europie, przyniósł ze sobą zjawisko nacjonalizmu. Z jednej strony spowodowało to krach wizji asymilacyjnych. Z drugiej — zderzenie nacjonalizmu polskiego z procesem odrodzenia narodowego wśród Żydów nieuchronnie prowadzić musiało do konfliktu. Jego objawem był rozwój w drugiej połowie XIX w. ideologii antysemityzmu, przyjmującego coraz ostrzejsze formy pod koniec stulecia i na początku następnego. Czynnik ten oraz pogarszająca się sytuacja ekonomiczna znacznej części społeczności żydowskiej miały kłaść się cieniem na przyszłości skupiska żydowskiego w Polsce.

Nie można wszakże zapominać, że w dziejach Polski mamy do czynienia także z tendencją przeciwną. Część Żydów brała udział w polskim ruchu niepodległościowym. Wszystkie powstania (poza wielkopolskim w 1848 r.) przynosiły ze sobą zbliżenia obu społeczności żyjących na tej samej ziemi, co znajdowało wyraz w falach tzw. zbratań polsko-żydowskich. Procesy asymilacyjne dostarczyły Polsce wielu wybitnych twórców kultury pochodzenia żydowskiego. Symbolicznie ten nurt zbliżenia się obu narodów zamyka udział Żydów w Legionach Józefa Piłsudskiego w czasie I wojny światowej.

1776
Cesarzowa Austrii Maria Teresa wydaje tzw. *Porządek żydowski*, powołując nim namiastkę samorządu żydowskiego w postaci Dyrekcji Żydowskiej, złożonej z 6 starszych krajowych, 6 starszych obwodowych i rabina krajowego, oraz zakazując Żydom handlu artykułami objętymi monopolem państwowym i wypędzając do Polski ubogich Żydów

1785
Cesarz Austrii Józef II znosi Dyrekcję Żydowską oraz likwiduje sądownictwo rabiniczne

1787
Józef II wydaje patent, którym nakazuje Żydom w ciągu dwóch lat przyjąć nazwiska; podobne w treści zarządzenia zawierać będą edykt króla Prus z 1796 r. i postanowienie namiestnika Królestwa

Polskiego z 1821 r.; urzędnicy często traktowali procedurę nadawania Żydom nazwisk jako pretekst do brania łapówek i szykanowania ich (np. poprzez wynajdowanie śmiesznie brzmiących lub uwłaczających nazwisk)

1788
W monarchii habsburskiej wprowadzony zostaje obowiązek służby wojskowej dla Żydów; z terenu zaboru austriackiego wielu Żydów zagrożonych poborem do armii uchodzi do Polski

1789
Patent tolerancyjny Józefa II i jego konsekwencje dla Żydów w zaborze austriackim są ukoronowaniem reform w duchu oświeconego absolutyzmu z lat 1780 — 1789; po śmierci cesarza w 1790 r. władze zaborcze odejdą od liberalnych elementów jego polityki

1789-1848
W zaborze austriackim władze nakładają na Żydów wiele podatków, m. in. protekcyjny, od mięsa koszernego, świeczkowy

1796-1801
Trzecia faza „wojny" misnagdów z chasydami (por. lata 1772, 1781, 1785)

1797
Umiera rabin Elijahu (ur. 1720), zwany Gaonem Wileńskim, jeden z najbardziej poważanych autorytetów religijnych, przeciwnik chasydyzmu, zajmujący się także naukami świeckimi, w tym trygonometrią

koniec XVIII w.
Na ziemiach polskich pojawiają się pierwsi zwolennicy haskali; określano ich mianem maskili, tj. „oświeconych"

1797
Władze pruskie wydają rozporządzenie pn. *Urządzenie generalne Żydów w prowincjach Prus południowych i nowo-wschodnich,* zawierające m.in: poddanie Żydów jurysdykcji ogólnej, zniesienie sądów rabinackich, zakaz nakładania klątwy, ograniczenie kompetencji gmin wyłącznie do spraw religijnych oraz podział Żydów na protegowanych (przyjmujących język i kulturę niemiecką) i tolerowanych

1798
Rabin Szneur Załman z Ladów (1746 – 1813), twórca, w ramach chasydyzmu, ruchu zw. CHABAD, podkreślającego rolę studiów religijnych i kontemplacji, zostaje aresztowany przez władze rosyjskie; donosy do władz policyjnych były jedną z „form" zwalczania chasydyzmu przez misnagdów; aresztowania dotkną także później kilku rabinów chabadzkich: ponownie Załmana z Ladów – 1800/1; jego syna Dow Bera – 1826; jego wnuka Menachema Mendla z Lubawicz – 1855

1799
W Warszawie zostaje wprowadzona opłata biletowa, wnoszona przez Żydów nie będących stałymi mieszkańcami miasta, za każdy dzień pobytu; opłatę biletową (togcetł) wprowadzi także namiestnik Królestwa Polskiego w 1824 r. (1 zł za dzień pobytu); będzie ona obowiązywać do stycznia 1863 r.

1802
W Rosji car Aleksander I powołuje Komitet Urządzenia Żydów; w 1804 r. zatwierdzi opracowany przezeń *Statut o urządzeniu Żydów*; m.in. utrzymano w nim tzw. strefę osiadłości (jej geneza sięgała rządów Katarzyny II), czyli tereny, na których wolno się Żydom osiedlać (głównie byłe ziemie Rzeczypospolitej), rozszerzając ją o gubernie astrachańską i kaukaską; znoszono administrację gminną; zakazano Żydom mieszkać we wsiach;

nakazano im porzucenie tradycyjnego stroju oraz zniesiono kahały i sądy religijne; postanowienia te dotyczyły Rosji i ziem wcielonych do Cesarstwa

1802
W Wołożynie na Litwie powstaje jesziwa, która będzie najsławniejsza w XIX w. na ziemiach byłej Rzeczypospolitej; kierowali nią kolejno rabini: Chaim z Wołożyna (w latach 1802—1821); jego syn Izaak (1821—1849); Eliezer Izaak Fried (1849—1853); Naftali Cwi Juda Berlin (1853—1892)

1803
Umiera protoplasta słynnego rodu wydawców wileńskich Rommów — Baruch ben Josef

1806
W Galicji zostają zamknięte szkoły założone w okresie reform józefińskich wedle pomysłu czeskiego maskila Herca Homberga; krótko działało 107 szkół męskich i kilka żeńskich; narzucony przez zaborcę system szkolny był otoczony niechęcią ortodoksów — sam Homberg po przybyciu do Lwowa nie znalazł Żyda, który by chciał mu wynająć mieszkanie w dzielnicy żydowskiej

1806
W Warszawie grupa Żydów postępowców, związanych od końca XVIII w. z synagogą Izaaka Flataua przy ul. Daniłowiczowskiej, zwaną niemiecką, postanawia ją utrzymać po śmierci założyciela; będzie ona pierwszą synagogą postępową (reformowaną) w Warszawie

1807
Konstytucja Księstwa Warszawskiego formalnie zrównuje wobec prawa Żydów z innymi mieszkańcami kraju; jednak już w 1808 r. zostaną wydane dekrety: o zawieszeniu praw politycznych Żydów

na lat 10; o obowiązku służby wojskowej i zakazie nabywania przez Żydów majątków szlacheckich

1808

Rada Stanu Księstwa Warszawskiego powołuje deputację, mającą opracować „ogólne urządzenie Żydów"

5 V 1809

W potyczce z wojskami austriackimi pod Kockiem ginie Berek Joselewicz, m.in.: pułkownik w powstaniu kościuszkowskim oraz oficer legionów Dąbrowskiego we Włoszech i legii Kniaziewicza, od 1807 r. szef szwadronu w wojskach Księstwa Warszawskiego, kawaler Virtuti Militari, jeden z pierwszych Żydów przyjętych do loży wolnomularskiej „Bracia Polscy Zjednoczeni"; jego postać stanie się symbolem udziału Żydów w walkach o wolność Polski

1809

Sejm Księstwa Warszawskiego wprowadza tzw. podatek koszerny (od mięsa koszernego); miał on obowiązywać także w Królestwie Polskim do 1863 r.

1809

Król (książę warszawski) wydaje dekret wprowadzający w Warszawie tzw. ulice egzymowane, czyli takie, na których Żydom nie wolno zamieszkiwać, za wyjątkiem osób spełniających pewne określone wymogi; tzw. rewiry żydowskie powstaną wkrótce w innych miastach: we Wschowie w 1810 r., w Płocku w 1811 r., w Makowie i Przasnyszu w 1813 r.

1812

Berek Sonnenberg, syn Szmula Zbytkowera, uzyskuje dla Żydów zamianę obowiązku służby wojskowej na podatek zwany rekrutowym; władze rosyjskie w Królestwie Polskim utrzymają ten stan do 1843 r.

1812
Władze pruskie wydają dekret emancypacyjny dla Żydów, którego moc obowiązywania nie zostaje rozciągnięta na ziemie zaboru pruskiego

1813
Dow Ber (1773 — 1827), syn Szneura Załmana z Ladów, po śmierci ojca przejmuje kierownictwo ruchu chabadzkiego i osiada w miasteczku Lubawicze; po nim cadykami wpływowej dynastii z Lubawicz będą kolejno przedstawiciele rodziny Szneersohnów: jego zięć Menachem Mendel (1789 — 1866); Samuel (1834 — 1882); Szalom Dow Ber (1866 — 1920); Josef Izaak (1880 — 1950); Menachem Mendel (ur. w 1902 r.)

1813
Józef Perl, protagonista haskali w Galicji, otwiera wzorową szkołę ludową w Tarnopolu

1814
Otwarcie pierwszej drukarni żydowskiej w Warszawie; z czasem powstanie tu wielki żydowski ośrodek wydawniczy; Żydzi będą odgrywać także ważną rolę w polskim ruchu edytorskim w Warszawie

1814
Ukazuje się książka *Sziwchej ha-Beszt* (Pochwały Beszta, tj. Baal Szem Towa — wyd. 1 hebr.; wyd. 1 jid.: 1815) — początek hagiograficznej literatury chasydzkiej

1815
Władze zaborcze wydają pozwolenie na utworzenie żydowskiej szkoły realnej w Brodach; placówka ta zostanie otwarta w 1818 r. jako druga szkoła w Galicji, obok wspomnianej już tarnopolskiej, związana z tzw. nurtem postępowym

1815
Rabin Jakub Ornstein (zm. 1839), przywódca ortodoksji galicyjskiej, rzuca klątwę na grupę maskilów, którzy odpowiadają na nią pismami polemicznymi

1815
Rabinem w Bełzie zostaje Szołem Rokeach (1778 – 1855), który stał się protoplastą najbardziej wpływowej w Galicji dynastii cadyków; jego następcami byli: Joszua Rokeach (1825 – 1894), Issochar Dow Ber Rokeach (1854 – 1927), Aharon Rokeach (1880 – 1957)

1815
Ukazują się drukiem opowiadania fantastyczne cadyka Nachmana z Bracławia (1772 – 1810); zgodnie z przedśmiertnym życzeniem autora opublikowano je równolegle w językach hebrajskim i jidisz; chasydzi bracławscy jako jedyni nie będą mieli później swego przywódcy duchowego, w związku z czym przylgnie do nich miano „martwych" chasydów

1815
Rząd Tymczasowy Królestwa Polskiego powołuje m.in. Komisję Włościańską i Ludu Żydowskiego oraz Komisję do Zbadania Stanu Miast, mające zająć się sytuacją Żydów

1817
Deputacja Rady Stanu Królestwa Polskiego kierowana przez ministra oświaty Stanisława Potockiego opracowuje projekt ustawy *Urządzenie ludu żydowskiego*, który nie zostanie zatwierdzony przez cara

1819-1839
Stanowisko naczelnego rabina Warszawy piastuje Salomon Zelman Lipszyc tolerancyjnie usposobiony wobec chasydów; jego

następca Chaim Dawidsohn w latach 1839—1854 będzie do nich nastawiony niechętnie, mimo stałego wzrostu wpływów tego ruchu w Warszawie

1820
W Warszawie zostają otwarte pierwsze trzy rządowe szkoły elementarne dla dzieci żydowskich

1821
Władze Królestwa Polskiego znoszą kahały, zmieniając je w podległe władzom miejskim dozory bóżnicze; do ich kompetencji będą należeć sprawy religijne i skarbowe

1822
W miastach Królestwa Polskiego zostają utworzone „rewiry żydowskie"; władze zezwalały poza nimi zamieszkiwać tylko zamożnym Żydom wyemancypowanym (w 1826 r. w Warszawie będzie tylko 70 takich rodzin)

1823-1824
W Warszawie ukazuje się dwujęzyczny tygodnik „Dostrzegacz Nadwiślański — Der Beobachter an der Weichsel" — pierwsze pismo związane z haskalą w językach polskim i tzw. dajcz-jidisz (właściwie niemiecki zapisywany czcionką hebrajską); jego forma językowa przyczyniła się do rychłego upadku wydawnictwa

1824
W Królestwie Polskim zostaje wprowadzony zakaz noszenia tradycyjnego stroju żydowskiego; mimo obwarowania go wysokimi karami zakazu tego nie udało się wyegzekwować; później przepisy nakazujące Żydom zmianę tradycyjnego stroju będą jeszcze kilkakrotnie wydawane, m.in. w 1845 i 1850 r. — także bezskutecznie

1825

Car Aleksander I powołuje Komitet Starozakonnych, który ma opracowywać projekty reform dotyczących Żydów w Królestwie Polskim; do jego Izby Doradczej powołano kilku Żydów

ok. 1826

W Warszawie osiedla się Icchak Meir Alter (1789—1866), od 1843 r. honorowy członek rabinatu warszawskiego, od 1859 r. cadyk w Górze Kalwarii — protoplasta najbardziej wpływowej dynastii chasydzkiej w Polsce; jego następcami byli: Juda Arie Lejb Alter (1847—1905), Abraham Mordechaj Alter (1866—1948), Izrael Alter (ur. 1892)

1826-1862

W Warszawie działa rządowa Szkoła Rabinów; jej absolwenci wzmocnią szeregi grupy postępowców

1827

Car Mikołaj I ukazem o powinności wojskowej wprowadza na ziemiach wcielonych do Cesarstwa Rosyjskiego instytucję kantonistów (młodocianych wcielanych do armii, którzy rozpoczynali służbę po uzyskaniu pełnoletności) oraz odpowiedzialność zbiorową gmin za dostarczenie rekrutów

1828

Mendel Lewin z Satanowa (1749—1826) tworzy komedię *Oszukańczy świat* (wyd. 1888 r.), jeden z pierwszych znanych nam tego rodzaju utworów w duchu haskali napisanych w Polsce

1830

Po wybuchu powstania listopadowego Rząd Tymczasowy znosi opłatę biletową; dyktator powstania gen. Józef Chłopicki odmówi Żydom prawa wstępowania do Gwardii Narodowej; wkrótce ograniczenie to zostanie cofnięte; w Gwardii Narodowej służyć będzie przeszło 400 Żydów, w Gwardii Miejskiej — 1268, w powstańczej służbie zdrowia — 43, oraz wielu dalszych w oddziałach liniowych (próba sformowania pułku żydowskiego nie powiodła się), a wśród nich syn Berka Joselewicza major Józef Berkowicz oraz jego syn Leon Berkowicz; w 1831 r. w czasie powstania wydanych zostanie kilkanaście numerów czasopisma pt. „Izraelita Polski"

1832
Joachim Lelewel, stojący na czele Komitetu Narodowego Polskiego, ogłasza odezwę *Do ludu izraelskiego*, wzywając Żydów do poparcia walki o niepodległość Polski, nie deklarując wszakże woli nadania im równouprawnienia; dyskusja nad sprawą żydowską w kołach Wielkiej Emigracji rozwinie się szerzej od 1837 r., wobec podjęcia konspiracyjnych przygotowań do powstania w kraju; wezmą w niej udział także przebywający na emigracji Żydzi, m.in. Ludwik Ozjasz Lubliner w rozprawie *Des Juifs en Pologne* (Bruksela 1839) krytykować będzie koncepcję stopniowej i warunkowej emancypacji Żydów

1832
W Tarnopolu zostaje otwarta pierwsza w monarchii habsburskiej żydowska apteka

1833-1856
W Galicji ukazuje się pierwszy związany z haskalą hebrajski periodyk pt. „Kerem Chemed"

1833
Władze pruskie wprowadzają w Wielkopolsce podział na Żydów naturalizowanych (o odpowiednim cenzusie wykształcenia i majątkowym, w praktyce germanizujących się) i tolerowanych (pozostających wiernymi tradycji); wedle szacunkowych ocen tzw. naturalizacja obejmie do połowy XIX w. 20% Żydów w zaborze pruskim

1835
Carski statut na ziemiach wcielonych do Cesarstwa ogranicza funkcje gmin żydowskich do roli agend skarbowych i przynosi wiele dalszych ograniczeń praw Żydów

1836
Carski statut wyznacza strefę osiedlenia dla Żydów w imperium Romanowów; jej terytorium pokrywało się niemal z granicami dawnej Rzeczypospolitej (Żydom nie wolno było mieszkać w 50-wiorstowym pasie pogranicznym oraz we wsiach w jej części na wschód od Dniepru i Berezyny)

1837-1840
W Warszawie trupa aktorów podejmuje próbę zorganizowania stałej teatralnej sceny żydowskiej; realizację tego zamierzenia uniemożliwiają stanowcze protesty Dozoru Bóżniczego

1838
Chasydzki rabi Izrael z Różyna, oskarżony o udział w zabójstwie denuncjatorów policyjnych, ucieka z Królestwa Polskiego i zakłada wpływową dynastię cadyków w Sadagórze na Bukowinie

1839/40
W Królestwie Polskim działa 5 rządowych szkół elementarnych dla dzieci żydowskich (wszystkie w Warszawie)

1840-1855
Okres tzw. reżimu mikołajewskiego na ziemiach wcielonych do Cesarstwa Rosyjskiego związany jest z dążeniem do rusyfikacji tamtejszych Żydów; m.in. powstają utrzymane w tym duchu szkoły rabinów w Wilnie i Żytomierzu oraz tzw. szkoły kazionne dla Żydów

1840

W Wilnie Israel Salanter (właśc. Izrael Lipkin, 1810—1883) obejmuje kierownictwo sławnej jesziwy Ramajles; wkrótce założy on tu tzw. musar-sztibł, stając się twórcą wpływowego ruchu MUSAR, podnoszącego znaczenie pierwiastka etycznego w judaizmie

1840

Do zarządu gminy lwowskiej wchodzą po raz pierwszy zwolennicy haskali

1840

W Krakowie powstaje stowarzyszenie postępowców pn. Dom Modlitwy i Wsparcia Izraelitów do Postępu

1840

Umiera Nachman Krochmal z Żółkwi (ur. 1785), autor *More Newuche ha-Zman* (Przewodnika dla błądzących doby współczesnej, wyd. 1851 r.) — pierwszej syntezy historiozoficznej dziejów Żydów w nowożytnej judaistyce

1841

Mathias Rosen (1807—1865), bankier i m.in. wiceprezes synagogi przy ul. Daniłowiczowskiej, zostaje przewodniczącym warszawskiego Dozoru Bóżniczego, jako pierwszy ze zwolenników postępu wśród Żydów piastujących tę funkcję; ustąpi z niej w 1844 r., a ponownie piastować ją będzie w latach 1856—1858

1841-1844

W Wilnie ukazuje się związany z haskalą periodyk hebrajski pt. „Pirke Cafon"

1843

Mikołaj I wydaje ukaz o powinności wojskowej zrównujący Żydów z innymi mieszkańcami Królestwa Polskiego; podatek rekrutowy zostanie mimo to utrzymany, lecz w zamian nie powoływano w Królestwie do służby tzw. kantonistów, jak to się działo w Cesarstwie

1843–1849
W Warszawie zostaje wzniesiony, a potem rozbudowany, gmach reformowanej synagogi przy ul. Daniłowiczowskiej; kazania wygłaszano w niej po niemiecku

1844
Mikołaj I wydaje ukaz ostatecznie likwidujący autonomię gmin żydowskich na ziemiach wcielonych do Cesarstwa Rosyjskiego

1846
Wybucha powstanie krakowskie, poparte przez Żydów (do oddziałów powstańczych zaciąga się ok. 500 Żydów), co zaowocuje zbliżeniem polsko-żydowskim; władze powstańcze 23 II 1846 r. wydają *Odezwę Rządu Narodowego do Braci Izraelitów* — pierwszy w dziejach Polski dokument znoszący bariery stanowe dzielące Żydów od innych mieszkańców kraju

1846
We Lwowie odbywa się inauguracja synagogi postępowej, tzw. Templum

1846
W Wielkopolsce powstaje Towarzystwo Centralne dla Skolonizowania Żydów, dążące do osiedlania Żydów na roli; upada ono już w 1850 r.; fiaskiem kończyły się także w przeważającej większości podobne inicjatywy w innych zaborach (np. podejmowane w duchu oświeconego absolutyzmu w Galicji za panowania Józefa II)

1848

W Wielkopolsce wybucha powstanie; Żydzi odnoszą się doń niechętnie, w efekcie czego zaostrza się antagonizm między Polakami a germanizującą się częścią społeczności żydowskiej; w Poznańskiem dochodzi do wystąpień antyżydowskich; 24 III 1848 r. polski Komitet Narodowy wydaje odezwę do Żydów w celu uspokojenia ich, zawierającą deklarację woli doprowadzenia do ich emancypacji

1848

Nadanie równouprawnienia Żydom z zaborze pruskim; akt ten dotyczy jednak tylko Żydów „naturalizowanych"

1848

W Galicji Żydzi włączają się w nurt wydarzeń rewolucyjnych Wiosny Ludów, co owocuje zbliżeniem polsko-żydowskim oraz podniesieniem postulatu równouprawnienia Żydów; przedstawiciele Żydów galicyjskich wchodzą w skład delegacji udającej się do Wiednia w celu przedłożenia rządowi żądań, a także do Rady Narodowej i sejmu oraz biorą udział w organizowaniu Gwardii Narodowej (w niektórych miastach sformowano odrębne żydowskie oddziały)

1848

W Galicji zostają zniesione podatki żydowskie

1849

Żydzi w monarchii habsburskiej otrzymują równouprawnienie na mocy Konstytucji marcowej

1850

Konstytucja pruska nadaje równouprawnienie Żydom w zaborze pruskim; jednak pełną i bezwarunkową emancypację zapewni im dopiero ustawa Związku Północnoniemieckiego z 3 VII 1869 r., a w zjednoczonym Cesarstwie Niemieckim — ustawa z 22 IV 1871 r.

1851

W czasie rządów reakcji po Wiośnie Ludów w monarchii habsburskiej zostaje zniesiona Konstytucja marcowa; w 1853 r. zostanie odebrane Żydom prawo do nabywania nieruchomości; w 1857 r. namiestnik Galicji Agenor Gołuchowski wznowi wobec Żydów zakaz zatrudniania służby chrześcijańskiej

1852

W nowo otwartej warszawskiej synagodze na Nalewkach, zwanej później „polską", Izaak Kramsztyk po raz pierwszy wygłasza kazanie w języku polskim

1852

Abraham Schreiner z Drohobycza inicjuje destylację ropy, kładąc podwaliny pod przyszły rozwój zagłębia drohobycko-borysławskiego

1853

Ukazuje się powieść *Miłość Syjonu* Abrahama Mapu (1808–1867), pierwszy bestseller posthaskalistycznej literatury hebrajskiej

1856

Stanowisko Naczelnego Rabina Warszawy obejmuje krakowski rabin Ber Meisels (1798–1879), związany z misnagdami; w 1861 r. zostanie aresztowany za zamknięcie bóżnic w proteście za zbezczeszczenie przez Rosjan kościołów warszawskich, a następnie za sympatie dla polskiego ruchu wyzwoleńczego wydalony z kraju przed powstaniem 1863 r.; po powrocie wycofa się z działalności publicznej

1856

W Warszawie powstaje pierwsze żydowskie stowarzyszenie zawodowe, działające oficjalnie od 1860 r. jako Bractwo Subiektów

Handlowych, później zaś — jako Stowarzyszenie Subiektów Handlowych Wyznania Mojżeszowego

1859
W warszawskiej synagodze na ul. Daniłowiczowskiej dr Markus Jastrow zaczyna wygłaszać kazania po polsku, co stanowi zamknięcie procesu polonizacji postępowców w Warszawie

1859
W Warszawie wybucha tzw. wojna polsko-żydowska; atak prasowy na Żydów spotka się ze zdecydowanym protestem kręgów zasymilowanej inteligencji żydowskiej, co przyczyni się do wzrostu wpływów tej grupy

1859-1860
Reformy w monarchii habsburskiej po klęsce Austrii w wojnie z Piemontem i Francją w 1859 r. przynoszą Żydom zniesienie wielu prawnych ograniczeń dotyczących: prawa małżeńskiego, utrzymywania służby chrześcijańskiej, składania zeznań w sądach, zamieszkiwania we wsiach w Galicji i na Bukowinie, nabywania nieruchomości (w Galicji z pewnymi ograniczeniami); w 1863 r. Żydzi zostaną dopuszczeni do wykonywania zawodu notariusza oraz zaczną być zatrudniani na stanowiskach urzędniczych niższych szczebli; w 1867 r. zostaną dopuszczeni do wykonywania zawodu sędziego

1860-1882
Zapoczątkowany zostaje ruch Chibat Cijjon (Miłośników Syjonu), który odegra bardzo ważną rolę w kształtowaniu się ruchu syjonistycznego

1860-1861
Powstaje sejm galicyjski; Żydzi otrzymują prawa wyborcze

1860-1864

Wydawnictwo Samuela Orgelbranda publikuje *Talmud Babiloński* (20 t.), równocześnie wydając pierwszą polską *Encyklopedię powszechną* (28 t.)

1860-1870

W Wilnie ukazuje się tygodnik hebrajski „Ha-Karmel", w latach 80. — jako miesięcznik

1861

Projekt równouprawnienia Żydów przedstawiony w parlamencie austriackim zostaje gorąco poparty przez czołowego liberalnego polityka galicyjskiego Franciszka Smolkę

1861

W Królestwie Polskim Aleksander Wielopolski zostaje mianowany dyrektorem Komisji Wyznań Religijnych i Oświecenia Publicznego; wedle założeń jego programu reform Żydzi mieli odgrywać istotną rolę jako czynnik wzmacniający „stan trzeci" (tj. mieszczaństwo); w dyskusji nad projektami reform biorą udział przedstawiciele społeczności żydowskiej

1861-1862

Żydzi biorą udział w demonstracjach patriotycznych w Warszawie; w atmosferze nastrojów rewolucyjnych dochodzi do „zbratania polsko-żydowskiego"

1861-1863

W Warszawie ukazuje się „Jutrzenka — Tygodnik dla Izraelitów Polskich" pod red. Daniela Neufelda (1814–1874)

1862-1939

W Warszawie ukazuje się ważny dla rozwoju prasy hebrajskiej w Polsce periodyk „Ha-Cefira" („Jutrzenka", tygodnik, a od 1910 — dziennik), założony przez Chaima Zeliga Słonimskiego (1810–1909)

1862
Ukaz cara Aleksandra II, uzyskany przez Wielopolskiego (zw. dekretem Wielopolskiego), nadaje równouprawnienie Żydom w Królestwie Polskim; ukaz i kilka z nim związanych rozporządzeń Wielopolskiego znoszą wiele dotyczących Żydów ograniczeń prawnych oraz podatki żydowskie; jednak do pełnej emancypacji Żydów w zaborze rosyjskim wówczas nie dochodzi

1862
W Królestwie Polskim działa 10 rządowych szkół elementarnych dla dzieci żydowskich

1862
W Krakowie wzniesiono Synagogę Postępową, tzw. Templum; od 1843 r. działała ona w domu prywatnym

1863
Wybucha powstanie styczniowe; 22 VI 1863 r. powstańczy Rząd Narodowy wydaje w językach polskim i hebrajskim odezwę *Do Braci Polaków Mojżeszowego Zakonu*, kolportowaną m.in. w warszawskich bóżnicach; udział Żydów w powstaniu styczniowym; m.in. Henryk Wohl (1836–1907) pełni funkcję dyrektora Wydziału Skarbu przy Rządzie Narodowym

1865
Po uchyleniu podatków żydowskich i długich sporach na temat źródeł finansowania gminy w Warszawie ostatecznie wprowadzony zostaje tzw. etat, czyli opodatkowanie Żydów warszawskich na jej rzecz

1865
We Lwowie ukazuje się niemieckojęzyczne czasopismo „Lemberger Judische Zeitung", a potem „Der Israelit" (1873—1880); po zwycięstwie w Galicji kierunku asymilacji do polskości — kilka krótkotrwałych czasopism polskojęzycznych w latach 1880—1918

1866

Car Aleksander II wydaje ukaz, zgodnie z którym Żydzi posiadający stopnie naukowe zostają dopuszczeni do służby publicznej w Królestwie Polskim

1866

Minister spraw wewnętrznych Cesarstwa Rosyjskiego wydaje rozporządzenie o wynagrodzeniu za schwytanie uchylających się od powinności wojskowej Żydów; w latach 1887 i 1888 kolejne rozporządzenia utrzymają jego wysokość, tj. 50 rubli

1866-1912

W Warszawie ukazuje się po polsku tygodnik „Izraelita", związany z grupą postępowców

1867

Po klęsce w wojnie z Prusami w 1866 r. konstytucja monarchii habsburskiej oraz ustawa z 1868 r. o stosunku kościoła do państwa zapewniają Żydom równouprawnienie; zasada ta zostanie zrealizowana w różnym stopniu na rozmaitych polach (w latach 90. XIX w. stanowiska urzędnicze w Galicji będzie piastować ok. 650 Żydów)

1867-1868

„Wojna" między cadykami z Nowego Sącza i Sadagóry, którą wywołują oświadczenia przedstawiciela drugiej z wymienionych dynastii przeciwko wierze w szczególną moc cadyków; obie strony rzucają na siebie klątwy

1867-1868

W Warszawie ukazuje się pierwszy tygodnik w języku jidisz — „Warszojer Jidisze Cajtung" („Warszawska Gazeta Żydowska" — wychodzi tylko 50 numerów)

1868
Zniesienie obowiązku uzyskiwania przez Żydów z Cesarstwa zezwoleń na pobyt i osiedlanie się w Królestwie Polskim; od tej pory rozpoczyna się napływ tzw. litwaków (Żydów z Cesarstwa i ziem doń wcielonych, różniących się obyczajami i często zrusyfikowanych); niechętni im będą nie tylko Polacy, ale i Żydzi z Kongresówki

1868
Powstaje lwowskie Towarzystwo Rygoryzantów — pierwsza żydowska organizacja akademicka w Polsce

1868/69
W Galicji powstaje stowarzyszenie Schomer Israel, dążące do asymilacji w duchu liberalno-niemieckim, które będzie wydawać niemieckojęzyczne czasopismo „Israelit"

1870
Popierany przez misnagdów Jakub Gesundheit obejmuje stanowisko naczelnego rabina Warszawy; w 1873 r. zostanie zmuszony do ustąpienia w związku z bojkotem chasydów i Zarządu Gminy pod przewodem postępowców; był ostatnim naczelnym rabinem Warszawy

1870–1881
Stanowisko prezesa gminy krakowskiej piastuje Szymon Samelsohn, zwolennik propolskiego kierunku asymilacji, poseł na sejm galicyjski

1871
Wybory do gminy warszawskiej wygrywają postępowcy; jej prezesem zostaje dr Ludwik Natanson

1871
W Galicji powstaje pierwsza żydowska spółdzielnia kredytowa; w 1908 r. będzie działało 690 takich placówek

1873

Na Kresach władze carskie znoszą szkoły rabinów i „kazionne"
(por. lata 1840—1855)

1873

Jan Bloch (1836—1902) nabywa większość akcji kolei brzes-
ko-kijowskiej pomimo prób przeciwdziałania podejmowanych
przez Leopolda Kronenberga (1812—1879); jest to początek
jawnej rywalizacji dwóch największych potentatów finanso-
wo-gospodarczych pochodzenia żydowskiego w Królestwie Polskim; ostatecznie „królem kolei żelaznych" zostanie Bloch

1874

W Krakowie zostaje założona pierwsza w Polsce nowożytna,
świecka szkoła hebrajska

1876

Ukazuje się broszura Jana Jeleńskiego *Żydzi, Niemcy i my*,
propagująca antysemityzm i hasła bojkotu ekonomicznego; jej
autor w latach 1882—1912 będzie wydawcą skrajnie antysemickiego tygodnika „Rola"; początkowo, w latach 70., jego antyżydowskie ataki spotkają się z odporem warszawskich pozyty-
wistów (np. Bogumił Prawdzicki, *Żydzi nasi wobec handlu
i przemysłu krajowego*, 1875); „stosunki żydowsko-pozytywis-
tyczne" pogorszą się w latach 80.

1876

W Krakowie otwarto pierwszą świecką hebrajską bibliotekę
publiczną

1876

W Jassach powstaje trupa teatralna Abrahama Goldfadena
(1840—1906), „ojca teatru żydowskiego" — początek dziejów
nowoczesnego teatru żydowskiego

1878

Pochodzący z Galicji poeta Naftali Herc Imber (1856—1909) pisze wiersz pt. *Ha-Tikwa* (Nadzieja), który stanie się sztandarową pieśnią ruchu syjonistycznego, a później hymnem państwowym Izraela

1878

W Warszawie zostaje oddana do użytku Wielka Synagoga na Tłomackiem, wzniesiona przez środowisko związane z dawną synagogą przy ul. Daniłowiczowskiej; w czasie inauguracji dr Izaak Cylkow wygłasza kazanie po polsku, wbrew zakazowi władz zaborczych, wprowadzonemu po powstaniu 1863 r.; ten fakt dokonany zostanie zaakceptowany przez władze Królestwa Polskiego

1878-1888

W Warszawie działa czteroklasowa Szkoła Realna pod kierunkiem Samuela Dicksteina; była to pierwsza świecka, nowoczesna szkoła zaakceptowana nie tylko przez postępowców, ale także przez część kręgów zachowawczych

1879

Umiera malarz Maurycy Gottlieb (ur. 1856); powszechnie przyjmuje się, że jego twórczość otwiera dzieje nowożytnej sztuki żydowskiej w Polsce

1879

W Warszawie powstaje Biblioteka Wielkiej Synagogi na Tłomackiem (od 1936 r. — Centralna Biblioteka Judaistyczna)

1879

W Warszawie zostają otwarte Warsztaty dla Nauki Rzemiosł Warszawskiej Gminy Starozakonnych — pierwsza żydowska szkoła zawodowa w Królestwie Polskim

1879

Wybory parlamentarne w Galicji przynoszą całkowite zwycięstwo orientacji polskiej w środowiskach skłaniających się ku asymilacji; krakowski rabin Szymon Schreiber wchodzi do parlamentu jako członek Koła Polskiego

po 1880

W Wilnie zaczynają powstawać kółka samokształceniowe, zapoczątkowując ruch tzw. haskali robotniczej, z którego wywodzi swą genezę żydowski ruch socjalistyczny

1881

W Słobodce k. Kowna powstaje jesziwa, która wkrótce zdobędzie szeroką sławę, m.in. jako centrum związane z ruchem MUSAR (duchowość jego umiarkowanego skrzydła nazywano „stylem Słobodki"); w 1897 r. w tym samym miasteczku otwarta zostanie druga — również ciesząca się sporym rozgłosem — jesziwa

1881-1883

W Rosji po zamachu na cara Aleksandra II wybucha fala pogromów antyżydowskich; podobne wypadki mają miejsce także w Warszawie w grudniu 1881 r.

1882

W Cesarstwie Rosyjskim (poza Kongresówką) zostają wprowadzone tzw. prawa tymczasowe, zawierające listę zawodów, które wolno Żydom wykonywać, zakaz posiadania i dzierżawienia ziemi oraz mieszkania na wsiach, handlu alkoholem i wiele innych ograniczeń w sferze gospodarczej; w latach następnych wejdą w życie dalsze tego typu przepisy restrykcyjne

1882

Po wydaniu wspomnianych „praw tymczasowych" i wygnaniu Żydów z Moskwy w 1881 r. oraz po pogromach wzmaga się imigracja litwaków do Królestwa Polskiego

1882

Rabin białostocki Szmul Mohilewer zakłada w Warszawie pierwsze w Królestwie Polskim duże stowarzyszenie Miłośników Syjonu

1882

W Warszawie powstaje Komisja Historyczna działająca przy Komitecie Bibliotecznym Wielkiej Synagogi na Tłomackiem

1882

W Galicji powstaje stowarzyszenie Agudat Achim (Przymierze Braci), reprezentujące propolski kierunek asymilacji; wedle szacunków pod koniec XIX w. obejmie on swym zasięgiem ok. 10 tys. osób

1882

We Lwowie odbywa się po raz pierwszy tzw. wieczorek syjonistyczny; początki ruchu narodowego wśród Żydów w zaborze austriackim przypadają na lata 80. XIX w.

1882

W Galicji zjazd chasydzkich cadyków i rabinów rzuca klątwę na wszystkich „szermierzy postępu" wśród Żydów

1882

Ukazuje się debiut w języku jidisz Icchoka Lejba Pereca (1852–1915) — poemat *Monisz*; fakt ten uważany jest za początek nowoczesnej poezji jidisz

1883

Władze carskie zakazują wystawiania sztuk w języku jidisz; niektóre trupy obchodzą ten przepis grając, przynajmniej formalnie, po niemiecku, lecz wielu ludzi teatru emigruje za granicę, przenosząc teatr żydowski do zachodniej Europy i USA; zakaz ów odwołano w 1905 r.

1882-1886

Opinię żydowską w Galicji porusza sprawa małżonków Ritterów, oskarżonych o „mord rytualny"; dwukrotnie uchylano wydany na nich wyrok śmierci; ostatecznie zostali uniewinnieni przez Sąd Najwyższy w Wiedniu

1884

W Katowicach odbywa się pierwsza konferencja ruchu Chibat Cijjon, w której uczestniczą delegaci z Królestwa Polskiego, Cesarstwa Rosyjskiego i Niemiec

1885

W Wilnie powstaje Biblioteka im. Mathiasa Straszuna (1817–1885) przy Zarządzie Wielkiej Synagogi

1885

W Warszawie zostaje ustanowiona komisja, mająca wydać opinię, czy w Królestwie Polskim należy wprowadzić ograniczenia działalności gospodarczej Żydów na wzór praw w Cesarstwie Rosyjskim z 1882 r.

1886

Zredagowany pod presją informacji o mogącym nastąpić ograniczeniu praw Żydów w Królestwie Polskim *Memoriał Komitetu Giełdowego* w Warszawie, podpisany przez Jana Blocha i Henryka Natansona, wywołuje wzrost napięcia w stosunkach polsko-żydowskich; w sposób niezbyt zręczny autorzy jego dowodzili wagi wkładu Żydów w ekonomikę Królestwa

1886

Powstaje Liga Polska, a 11 lat później Stronnictwo Narodowo-Demokratyczne − polskie ugrupowania nacjonalistyczne, z biegiem czasu coraz częściej odwołujące się do haseł antysemickich

1887
W Cesarstwie Rosyjskim minister oświaty wprowadza *numerus clausus*, tj. maksymalny odsetek Żydów, którzy mogą być dopuszczeni do nauki w gimnazjach i szkołach wyższych

1887
Car Aleksander III zatwierdza ustawę uchylającą zakaz najmowania przez Żydów chrześcijan do służby i pracy, obwarowaną zakazem przeszkadzania zatrudnionym w praktykach religijnych i obchodzeniu świąt

1887
W Galicji powstaje Stowarzyszenie Zion (Syjon) o charakterze syjonistycznym

1888
Powstaje pierwsza żydowska robotnicza kasa samopomocowa robotników pończoszarskich w Wilnie

1888
W Warszawie Izaak Goldman rozpoczyna wydawanie pierwszej alfabetycznej encyklopedii hebrajskiej (*Ha-Eszkol* − ukazało się tylko 6 jej części)

1888
Szołem Alejchem (właśc. Szołem Rabinowicz, 1859–1916), klasyk literatury jidisz, publikuje opowiadanie pt. *Dos meserł* (Scyzoryk), inicjując nowożytną literaturę dziecięcą w języku jidisz

1889
We Lwowie Jakub Ber Gimpel (zm. 1906) zakłada pierwszy stały teatr żydowski

1890
W Galicji *Ustawa rządowa o uporządkowaniu wewnętrznych stosunków gmin wyznaniowych* zawiera założenia ramowe doty-

czące ich organizacji, pozostawiając szczegółowe ustalenia statutom poszczególnych kahałów; dopuszczała ona także możliwość utworzenia Izraelickiego Towarzystwa Religijnego, które jednak nie powstało

1891
Wypędzenie Żydów z Moskwy inicjuje okres wzmożonej imigracji żydowskiej z terenów Cesarstwa Rosyjskiego do Królestwa Polskiego

1891
W warszawskiej szkole rzemieślniczej Stowarzyszenia Subiektów Handlowych powstaje jedno z pierwszych w Królestwie Polskim żydowskich kółek socjalistycznych; w 1895 r. powstanie socjaldemokratyczny Żydowski Związek Robotniczy w Warszawie; a w 1903 r. — Żydowska Organizacja PPS (jednak wówczas w żydowskim ruchu socjalistycznym będzie dominował tu już Bund)

1891
Baron Maurycy Hirsch zakłada Jewish Colonisation Association (ICA), której zadaniem było stworzenie osadnictwa żydowskiego w Argentynie; akcja ta przyniesie znikome efekty

1891-1905
Fundacja barona Maurycego Hirscha przyczynia się do rozwoju szkolnictwa żydowskiego w Galicji (powstaje wówczas m.in. 48 szkół powszechnych)

1892
Na rozkaz władz carskich zostaje zamknięta słynna jesziwa w Wołożynie

1892
Wileńska oficyna Rommów rozpoczyna edycję wspaniałego *Talmudu Babilońskiego*

1892
Wybucha strajk tkaczy tałesów (szali modlitewnych) w Kołomyi — pierwszy tego typu protest zorganizowany przez żydowski związek zawodowy

1892
Strajki i demonstracje robotnicze w Łodzi pod wpływem manipulacji władz rosyjskich przeradzają się w rozruchy antyżydowskie

1892/3
W Warszawie powstaje niekomercyjne wydawnictwo pn. Towarzystwo Achiasef, pierwsza duża oficyna powiązana z ruchem żydowskiego odrodzenia narodowego w Polsce

1894
We Francji wybucha tzw. sprawa Alfreda Dreyfusa, oficera, który został fałszywie oskarżony o szpiegostwo na rzecz Niemiec; jego osądzenie i skazanie wywołało wzrost nastrojów antysemickich we Francji i wielki skandal, dowodzący krachu idei asymilacji; „sprawa Dreyfusa" nie tylko poruszyła większość Żydów w Europie, ale pośrednio przyczyniła się do rozwoju ruchu syjonistycznego

1895
Ben Awigdor (właściwie Abraham Lejb Szalkowicz, 1867—1921) zakłada w Warszawie wydawnictwo Tuszijja, pierwszą oficynę, która przystępuje do edycji masowych nakładów książek hebrajskich

1896
Ukazuje się książka Teodora Herzla *Państwo żydowskie*, która legnie u podstaw tzw. syjonizmu politycznego (tj. zmierzającego do utworzenia państwa żydowskiego w Palestynie); w roku następnym w I Kongresie Syjonistycznym w Bazylei wezmą udział przedstawiciele Żydów polskich, a jego wiceprzewodniczącym będzie dr Abraham Salz z Tarnowa

1896

Rabi Josef Josł Hurwic zakłada w Nowogródku jesziwę związaną z ruchem MUSAR, z której w przyszłości rozwinie się ekskluzywny ruch Bejt Josef (jesziw realizujących maksymalistyczny program MUSAR)

1897

Na konferencji w Wilnie powstaje partia żydowskich socjalistów pn. Algemajner Jidiszer Arbeterbund in Lite, Pojln un Rusłand (Powszechny Związek Żydowskich Robotników na Litwie, w Polsce i Rosji), potocznie zwany Bundem

1897

W Łodzi powstaje Stowarzyszenie Nauczycieli Wyznania Mojżeszowego (od 1904 r. działające w Warszawie) — pierwsza tego typu organizacja w Kongresówce

1898

II Kongres Syjonistyczny tworzy na terenie Galicji trzy dystrykty światowej organizacji syjonistycznej: krakowski, lwowski i stanisławowski

1898

W 33 miejscowościach Galicji Zachodniej wybuchają rozruchy antyżydowskie, sprowokowane przez antysemicką agitację Stronnictwa Ludowego, kierowanego przez księdza Stanisława Stojałowskiego

1898

Ukazuje się siedmiotomowe dzieło Jana Blocha pt. *Przyszła wojna*; zostanie ono przetłumaczone na kilka języków oraz da impuls do zwołania haskich konferencji i opracowania konwencji w sprawie pokojowego załatwiania sporów międzynarodowych oraz prawa wojny (1899 i 1907 r.)

1898-1904

W warszawskim mieszkaniu Nachuma Sokołowa (1859–1936), publicysta, a w przyszłości jednego z czołowych działaczy światowego ruchu syjonistycznego, odbywają się spotkania dyskusyjne (tzw. poniedziałki sokołowskie), które przyczyniają się do krystalizacji środowiska syjonistycznego w Warszawie

1899

W Wołożynie ponownie powstaje jesziwa; nie uzyska ona jednak takiej pozycji jak jej poprzedniczka

1899

Mojżesz Schorr (1874–1942) wydaje pracę pt. *Organizacja Żydów w Polsce od czasów najdawniejszych do r. 1772*, uważaną za pierwsze dzieło nowoczesnej historiografii żydowskiej w Polsce

1899

W Warszawie J. Lidzki zakłada firmę wydawniczą Progress, publikującą literaturę jidisz

1899

W Krakowie powstaje Biblioteka „Ezra"; w okresie międzywojennym stanie się ona placówką wzorcową dla sieci bibliotek syjonistycznych

1899-1903

W Krakowie ukazuje się „Der Jud" początkowo jako dwutygodnik, wkrótce tygodnik, przeniesiony do Warszawy — jedno z pierwszych w Polsce czasopism związanych z ideą syjonizmu, szeroko kolportowane w Polsce i Rosji

1900

W Królestwie Polskim istnieje 79 rządowych szkół żydowskich i 49 prywatnych oraz — według oficjalnych statystyk — 3584 chedery, tj. prywatne szkółki religijne (w rzeczywistości jest ich znacznie więcej)

1900-1905
W Rosji i na ziemiach polskich zaczyna rozwijać się ruch młodzieżowy, z którego wyłoni się syjonistyczna organizacja pn. He-Chaluc (Pionier); jego geneza związana była z pogromami w Rosji w 1881 r.

1901
We Lwowie powstaje pierwszy w Polsce żydowski klub sportowy

1902
W Wilnie zostaje powołany do życia polityczno-religijny ruch Mizrachi (ortodoksyjno-syjonistyczny)

1902
Władze carskie uznają syjonizm za ruch niebezpieczny dla państwa i zakazują jego działalności

1902
Nieudany zamach członka Bundu Hirsza Lekkerta na gubernatora Wilna przyczynia się do radykalizacji żydowskiego ruchu robotniczego, podejmowania tzw. terroru indywidualnego, a w dalszej konsekwencji pojawienia się grup anarchistycznych

1902
W Galicji PPS odrzuca postulat tworzenia wewnątrz swych struktur odrębnych organizacji żydowskich

1902
We Lwowie powstaje pierwsza na ziemiach polskich biblioteka gminy żydowskiej

1903
Procesy asymilacyjne i emigracja spowodowały, że w Wielkopolsce, słynącej w okresie przedrozbiorowym wybitnymi uczonymi i rabinami, jest tylko 20 rabinów

1903

Pierwsze dziesięciolecie panowania cara Mikołaja II kończy się falą pogromów Żydów, w tym dwoma najstraszniejszymi, inspirowanymi przez carską policję — w Kiszyniowie i Homlu

1903

VI Kongres Syjonistyczny wstępnie akceptuje plan osadnictwa żydowskiego w Ugandzie; odrzucono go już w 1905 r. pod wpływem protestów działaczy z Europy Wschodniej; przyczyni się to do powstania w łonie syjonizmu ruchu terytorialistycznego, zmierzającego do poszukiwania alternatywnych do Palestyny miejsc dla osadnictwa żydowskiego; do końca I wojny światowej będzie on szczególnie silny w Królestwie Polskim

1903

We Lwowie powstaje Żydowski Chór Akademicki „Kinor", jeden z pierwszy zespołów śpiewaczych; ruch ich tworzenia będzie się bujnie rozwijał w okresie międzywojennym

1903-1908(?)

W Petersburgu ukazuje się pierwszy dziennik w języku jidisz „Der Frajnd" („Przyjaciel"), który następnie będzie wychodził w Warszawie (1910–1913)

1904

Zjazd w Krakowie powołuje do życia ogólnoaustriacką partię syjonistyczno-socjalistyczną Poalej Syjon

1904

Krakowski kongres Polskiej Partii Socjal-Demokratycznej odrzuca (sprecyzowany w 1897 r.) projekt utworzenia żydowskiej partii socjalistycznej; w ramach PPSD powstają żydowskie komitety we Lwowie i Krakowie oraz krajowa komisja żydowska

1904

Zjazd nauczycielski we Lwowie powołuje Związek Nauczycieli Religii Mojżeszowej Szkół Ludowych i Średnich w Galicji — pierwszą organizację nauczycieli żydowskich w Galicji

1904

We Lwowie ukazuje się w jidisz „Lemberger Togbłat" („Dziennik Lwowski"); wokół niego powstaje grupa młodych poetów, tworząca krąg tzw. neoromantyzmu galicyjskiego

1904/5

Samorzutnie powstające kursy i szkoły wieczorowe dają początek szkolnictwu jidyszystycznemu

1905

W Wilnie odbywa się konferencja, na której zostaje powołany Związek do Osiągnięcia Pełnego Równouprawnienia Narodu Żydowskiego w Rosji; w jego władzach brak będzie reprezentantów Kongresówki

1905

W Rosji i Królestwie Polskim wybucha rewolucja; 30 X 1905 r. — manifestacje z powodu nadania konstytucji i związane z nimi zbliżenie polsko-żydowskie; fala pogromów Żydów w Rosji tylko w nieznacznym stopniu dociera do Królestwa (np. pogromu w Białymstoku dokonuje wojsko rosyjskie)

1905/6

Kampanie wyborcze i elekcje do I i II Dumy Państwowej przynoszą zaostrzenie stosunków polsko-żydowskich, głównie ze względu na sposób prowadzenia kampanii przez Narodową Demokrację

1905

Secesja działaczy żydowskich z PPS w Galicji; powstaje Żydowska Partia Socjalistyczna

1905
Utworzenie muzeum przy gminie żydowskiej w Warszawie, dzięki przekazaniu jej zbiorów przez Mathiasa Bersohna (1824–1908)

1906
W Warszawie odbywa się pierwsza konferencja syjonistów z zaboru rosyjskiego

1906
Na konferencji w Połtawie powstaje syjonistyczno-socjalistyczna partia Poalej Syjon; jej głównym ideologiem w zaborze rosyjskim jest Ber Borochow (1881–1917)

1906
Podczas kongresu lwowskiego zostaje powołana galicyjska Żydowska Partia Socjal-Demokratyczna; jeszcze przed I wojną światową wejdzie do niej sekcja żydowska PPSD

1906
W Krakowie odbywa się zjazd, którego celem jest stworzenie federacji stronnictw żydowskich o charakterze narodowym; przymuje on jedynie wspólny dla nich program „pracy krajowej"

1907
Wybory do III Dumy Państwowej w Królestwie Polskim przynoszą zaostrzenie stosunków polsko-żydowskich; endecja rzuca hasło bojkotu gospodarczego

1907
W Galicji wybory do parlamentu wiedeńskiego, mimo nacisków ze strony polskiej na tworzenie jednolitego frontu, doprowadzają do powstania Klubu Żydowskiego, złożonego z posłów syjonistycznych

1907

We Lwowie powstaje stowarzyszenie młodzieży akademickiej wyznania mojżeszowego „Zjednoczenie" — organizacja niepodległościowa młodych asymilatorów

1907

W Wilnie powstaje pierwsza nielegalna szkoła ludowa z językiem wykładowym jidisz

1907

Powstaje Unia Kredytowa — pierwsza żydowska ludowa instytucja kredytowa w Galicji

1907/8

W Towarzystwie Kursów Naukowych w Warszawie działa sekcja żydowska

1908

W Czerniowcach odbywa się konferencja poświęcona językowi jidisz, m.in. uznająca go za język narodowy Żydów; był to impuls ważny dla rozwoju kultury jidisz, która staje się najważniejszym nurtem kultury Żydów polskich

1908-1939

W Warszawie zaczyna ukazywać się w języku jidisz dziennik „Hajnt" („Dzisiaj", 1908—1939), a wkrótce po nim „Der Moment" („Chwila", 1910—1939), dające początek wielkonakładowej prasie żydowskiej w Polsce

1909

W Warszawie Icchok Lejb Perec zakłada Towarzystwo Literackie, mające m.in. podnieść poziom artystyczny teatru żydowskiego

1910

W Wilnie wydawnictwo Borysa Klackina zaczyna publikować oryginalną literaturę jidisz i tłumaczenia dzieł obcych oraz literaturę naukową

1910

Władze zaborcze nie zgadzają się na utworzenie w Warszawie Żydowskiego Stowarzyszenia Księgarzy i Wydawców

1911

Wybory do parlamentu wiedeńskiego w Galicji przynoszą wzrost napięcia w stosunkach polsko-żydowskich; w efekcie wielu zabiegów i osławionych „galicyjskich wyborów" sukces syjonistów z 1907 r. nie zostanie powtórzony

1911

Menachem Bejlis zostaje oskarżony o „mord rytualny"; sprawa ta wywołuje antysemicką nagonkę w Rosji oraz skandal, którego zasięg przekroczy znacznie granice imperium; w 1913 r. sąd w Kijowie będzie musiał go uniewinnić z braku dowodów

1911

Wyprodukowane w wytwórni „Siła" filmy *Chasydka i odstępca* oraz *Okrutny ojciec* zapoczątkowują dzieje filmu żydowskiego w Polsce

1912

Wybory do IV Dumy Państwowej; w Warszawie Żydzi zrażeni wystąpieniami kandydata endecji Jana Kucharzewskiego popierają kandydata PPS-Lewicy Eugeniusza Jagiełłę, przyczyniając się do jego wyboru, co powoduje nasilenie akcji bojkotu gospodarczego

1912

W Katowicach odbywa się konferencja, w czasie której powołano do życia międzynarodową organizację ortodoksyjną Agudat

Israel (Agudas Isroel, potocznie zwaną Agudą) — w Polsce zainicjowano ją dopiero w czasie I wojny światowej pod okupacją niemiecką

1912
W Warszawie odbywają się ostatnie w okresie porozbiorowym wybory do Zarządu Gminy; mają one charakter frontalnego starcia syjonistów i chasydów z blokiem asymilatorów i misnagdów; ci ostatni zwyciężają już z największym trudem

1912
W Warszawie rozpoczyna działalność pierwsza prowadzona w języku jidisz talmud-tora (szkoła religijna utrzymywana ze środków społecznych)

1912
Początki skautingu żydowskiego w Królestwie Polskim, w Galicji ruch ten zainicjowano jeszcze wcześniej

1912/13
We Lwowie przy „Zjednoczeniu" (por. rok 1907) powstaje nielegalna organizacja niepodległościowa Związek Kół Polskiej Młodzieży Szkół Średnich im. Berka Joselewicza

1912/13
W Warszawie ukazuje się pierwsze żydowskie czasopismo historyczne w Polsce („Kwartalnik Poświęcony Badaniu Przeszłości Żydów w Polsce")

1913
W Galicji powstają pierwsze grupy, z których wyłoni się syjonistyczno-socjalistyczna organizacja młodzieżowa pn. Ha-Szomer ha-Cair (Młoda Straż), zreorganizowana na zjeździe w Wiedniu w 1917 r.; będzie ona łączyć w swej działalności elementy skautingu i kolektywizmu, przygotowując pionierów do pracy fizycznej w Palestynie

1914

W Galicji istnieje 28 żydowskich klubów sportowych, zrzeszają-
cych ok. 2,5 tys. członków, w tym ok. 500 kobiet

1914

Wybucha I wojna światowa; wielu Żydów — głównie z Galicji
— bierze udział w demonstracjach patriotycznych i potem
w tworzeniu Legionów Piłsudskiego; liczba Żydów walczących
w Legionach nie jest znana — posiadamy informacje o 378
Żydach legionistach; w Królestwie Polskim partie socjalistyczne
o orientacji rewolucyjnej (Socjal-Demokracja Królestwa Polskiego i Litwy, PPS-Lewica i Bund) wydają proklamacje an-
tywojenne; na początku sierpnia w Warszawie utworzą one
Międzypartyjną Radę Robotniczą, mającą koordynować agitację przeciw wojnie

X 1914

Gmina żydowska w Warszawie, kierowana przez asymilatorów,
przekazuje Centralnemu Komitetowi Obywatelskiemu środki
otrzymane z zagranicy na pomoc ofiarom wojny

1914-1915

Porażki Austrii i gwałty dokonywane przez wojska rosyjskie
sprawiają, że z Galicji Wschodniej uchodzi 200–400 tys. Żydów;
w 1916 r. postulowano usunięcie ich z Wiednia

1915

W Radomsku zostaje podjęta nieudana próba utworzenia odrębnego oddziału żydowskiego pod sztandarami Piłsudskiego; ukazuje się w języku polskim i jidisz odezwa *Do młodzieży żydowskiej*,
wzywająca do wstępowania w szeregi Legionów

1915

Władze rosyjskie nasilają akcję ewakuacyjną ludności z zaj-
mowanych przez siebie ziem polskich; dotyczy to zwłaszcza

Żydów, którzy stłoczeni w strefie osiedlenia znajdą się w bardzo trudnej sytuacji; akcja ta obejmie ok. 500–600 tys. Żydów

1915

Rabi Josef Josł Hurwic ze względu na działania wojenne przenosi swą jesziwę do Rosji, gdzie nastąpi podział społeczności uczelni na cztery grupy; równocześnie Hurwic poleci każdemu z owych centrów zakładać jesziwy i kibucim (kolektywy studiujących), przez co w latach 1915–1921 na Ukrainie i Białorusi powstanie 30 jesziw nowogródczan, a zarazem dokona się ewolucja charakteru tego środowiska — od sekty religijnej do ruchu ekspansywnego

1915

Latem kierujący gminą warszawską asymilatorzy zapraszają do współpracy syjonistów, nie są bowiem w stanie podołać problemom czasu wojny (m.in. w związku z obecnością w mieście dużej grupy uchodźców)

1915

Ruch syjonistyczny w Królestwie Polskim uzyskuje formy organizacyjne po wyjściu Rosjan z Warszawy; w 1916 r. odbędzie się w Warszawie zjazd syjonistyczny, który wybierze Komitet Centralny

1915

Gmina żydowska w Warszawie wydaje odezwę do ludności, wskazującą na brak wsparcia ze strony Komitetów Obywatelskich, które istotnie są niejednokrotnie niechętnie usposobione do Żydów; powstaje Towarzystwo Wspomagania Żydów Ofiar Wojny; w Wilnie — Żydowski Komitet Pomocy

1915

W Warszawie po krótkiej przerwie zaczyna ponownie ukazywać się tygodnik „Izraelita", tym razem jako organ neoasymilatorów

1915

W Warszawie powstaje sportowy klub Makabi

1915

Umiera Icchok Lejb Perec, jeden z trójcy klasyków literatury jidisz, „ojciec poezji żydowskiej"

1916

Umiera Szołem Alejchem, kolejny przedstawiciel trójcy klasyków literatury jidisz, „żydowski Mark Twain"

1916

Niemieckie władze okupacyjne sprowadzają do Królestwa Polskiego dr. Emanuela Carlebacha i dr. Pinchasa Kohna, którzy mają doprowadzić do powstania tu politycznej partii ortodoksów, zwanej później popularnie Agudą; zaczyna wychodzić gazeta tego ugrupowania „Dos Judisze Wort" („Słowo Żydowskie")

1916

Żydzi biorą udział w demonstracyjnych obchodach rocznicy Konstytucji 3 maja w Warszawie

1916

Ruch fołkistyczny (ludowy) występuje po raz pierwszy w Polsce na arenie politycznej w czasie wyborów do Zarządu Miasta w Warszawie jako Żydowski Ludowy Komitet Wyborczy; napięcia w stosunkach polsko-żydowskich powoduje w tym czasie utworzenie odrębnego komitetu żydowskiego pn. Zrzeszenie Wyborców Żydowskich, zakończone jednak formalnym porozumieniem wiodących sił politycznych strony polskiej i żydowskiej (bez fołkistów)

5 XI 1916

Deklaracja państw centralnych zapowiadająca odrodzenie państwa polskiego; ugrupowania żydowskie składają deklaracje lojalności wobec sprawy polskiej i nadziei wiązanych z niepodległością

1916
W Różance Grodzieńskiej powstaje pierwsza żydowska spółdzielnia rolnicza

1916
Generał-gubernator Królestwa Polskiego Hans von Beseler wydaje rozporządzenie o organizacji Żydowskiego Towarzystwa Religijnego i gmin; zawarte w nim postanowienia z niewielkimi zmianami zostaną później skopiowane w polskich przepisach dotyczących samorządu żydowskiego

1916/17
Po kolejnej ofensywie Rosjanie zajmują część Galicji, gdzie prowadzą nieco oględniejszą politykę wobec Żydów; powraca ok. 35 tys. osób deportowanych do Rosji w czasie poprzedniej rosyjskiej okupacji wschodniej Galicji; w 1917 r. w Tarnopolu odbędzie się zjazd gmin i komitetów ratunkowych; w czasie wycofywania się wojska rosyjskie dokonają pogromów Żydów

1917
Umiera Mendełe Mojcher Sforim (właśc. Szałom Jakub Abramowicz, ur. ok. 1836 r.), trzeci przedstawiciel trójcy klasyków literatury żydowskiej, zwany jej „dziadkiem"

1917
Syjoniści opuszczają żydowski klub w Radzie Miejskiej w Warszawie, gdyż ich zdaniem asymilatorzy nie bronią interesów Żydów; najostrzej w ich obronie występują na tym forum fołkiści (ludowcy) z Noachem Pryłuckim (1882—1944) na czele

1917
W Warszawie odbywa się pierwsza krajowa konferencja partii Mizrachi (syjonistów ortodoksów)

1917
Fołkiści proklamują powstanie swej partii

1917
W Tarnopolu odbywa się zjazd przedstawicieli gmin galicyjskich i komitetów ratunkowych, który precyzuje program pomocy ofiarom wojny

1917
Ofensywa rosyjska w Galicji i kontrofensywa państw centralnych; wojska rosyjskie dokonują pogromów Żydów w Tarnopolu i Kałuszu

2 XI 1917
Minister spraw zagranicznych Anglii James Balfour składa deklarację przychylności i pomocy dla wysiłków zmierzających do tworzenia żydowskiej siedziby narodowej w Palestynie; przyczyni się ona do rozwoju syjonizmu i osłabienia w jego łonie nurtu terytorialistycznego

1917
Do Warszawy przenosi się najsławniejszy w dziejach teatru żydowskiego w Polsce zespół, tzw. Trupa Wileńska; pierwsza jej formacja będzie działać w latach 1918 – 1922 (wystawiając m.in. najbardziej znany swój spektakl *Dybuk* Szymona An-Skiego), druga zaś — w okresie 1928 – 1932

1917/18
Na terenie b. Królestwa Polskiego odbywają się wybory do większości gmin na podstawie przepisów z 1916 r.; nie dojdzie do nich w Warszawie i Łodzi

23 IV 1918
Niemcy zamykają granice Rzeszy dla Żydów z terenów okupowanych

3. MIĘDZY WOJNAMI (1918–1939)

Okres Rzeczypospolitej Odrodzonej był dla Żydów polskich czasem narastających trudności i zagrożeń, a równocześnie rozkwitu, głównie w dziedzinie kultury. To paradoksalnie brzmiące stwierdzenie oddaje istotę ich losu. W sferze społeczno-ekonomicznej społeczność żydowska zmagała się z rosnącymi przeciwnościami. Pozycje uzyskane przez niektórych Żydów w życiu ekonomicznym kraju nie tylko nie zostały umocnione, ale uległy w niektórych sferach wyraźnemu osłabieniu (np. w oligarchii finansowej nie odgrywali już takiej roli jak w końcu XIX w.). Nie wyrastały nowe wielkie fortuny, a stare niejednokrotnie podupadały (np. związane z łódzkimi fabrykami włókienniczymi). Co prawda we wszystkich niemal branżach produkcji Żydzi byli właścicielami sporej liczby przedsiębiorstw, jednak w większości były to małe zakłady, zatrudniające do 10 osób. W wielu też tzw. żydowskich fabrykach i fabryczkach w ogóle Żydzi nie byli zatrudniani. Struktura społeczności żydowskiej (jej miejski charakter i zatrudnienie w handlu detalicznym ponad 1/4 Żydów polskich) była przede wszystkim efektem ciążących na niej przez wieki ograniczeń prawnych. Ich formalna likwidacja w toku procesów emancypacyjnych w XIX w. i w Polsce Odrodzonej nie przyniosła zasadniczych zmian strukturalnych. Dwadzieścia lat stanowiło zbyt krótki okres, by to osiągnąć. Wpływ na to miała także polityka państwa, które przyjęło model państwa narodowego. Niektóre przepisy prawne również stawiały Żydów w trudniejszej niż nieżydowskie otoczenie sytuacji, choć formalnie nie były w nich wymierzone. Znikome były w praktyce możliwości zatrudnienia na posadach państwowych wobec niechętnej im polityki kadrowej, a − jak już wspomniano − nawet w żydowskich przedsiębiorstwach bywały one ograniczone. Po I wojnie m.in. w Galicji miała miejsce akcja usuwania Żydów ze stanowisk w administracji. Trudna też była sytuacja inteligencji żydowskiej. Antysemici mówili o jej „nadprodukcji". Hasło to padało na podatny grunt, zwłaszcza w okresach kryzysów ekonomicznych, choć ciążenie ku zajęciom inteligenckim było przede wszystkim efektem miejskiego charakteru społeczności żydowskiej. Najgroźniejsze dla Żydów okazały się jednak agresywne postawy, będące produktem antysemickiej propagandy środowisk nacjonalistycznych. Bojkot ekonomiczny, utrudnienia w dostępie do niektórych zawodów, stanowisk i zwłaszcza kredytów (także tam, gdzie formalnie obowiązywały zasady równości), wreszcie mnożące się w latach trzydziestych czynne napaści doprowadzały do systematycznej pauperyzacji znacznej części ludności żydowskiej. Z sumy tych i im podobnych czynników powstało zjawisko tzw. getta pracy (możliwość uzyskania pracy i rynku zbytu w obrębie własnej grupy), które było niesłychanie groźne — zwłaszcza w małych miasteczkach kresowych, gdzie próby zaradzenia sytuacji miały znacznie mniejsze szanse powodzenia niż w dużych ośrodkach — a kryzysy ekonomiczne nękające kraj przynosiły w efekcie dramatyczne zmniejszenie popytu na żydowskie pośrednictwo, handel i rzemiosło.

Możliwości przeciwstawienia się tym niekorzystnym trendom były ze strony żydowskiej niewielkie. W dużych miastach zaznaczała się coraz wyraźniej tendencja do przechodzenia Żydów z handlu do rzemiosła. Jednak zdobywanie wymaganych prawem kwalifikacji było dla nich bardzo utrudnione, mimo licznych inicjatyw społecznych zmierzających do rozwoju szkolnictwa zawodowego. Drobna wytwórczość żydowska była przy tym słabo wyposażona w maszyny i narzędzia, a zmianę tego stanu utrudniały bariery w dostępie do kredytu, które odbijały się negatywnie także na przedsiębiorstwach handlowych. Polityka fiskalna państwa nakładała też — zdaniem Żydów — większe obciążenia na ludność miejską, a więc także na nich, co niezupełnie było zgodne z prawdą. Toteż duże znaczenie miał ruch tworzenia kas pożyczkowych, rozwijający się bardzo prężnie tak dzięki środkom własnym, jak i pomocy organizacji zagranicznych. Instytucje ,,taniego kredytu" nie dysponowały jednak sumami, które mogły zmienić sytuację. Dążenie do obrony żydowskich pozycji ekonomicznych pośrednio również pogłębiało zjawisko ,,getta pracy". Poza tym działania w tej dziedzinie były rozdrobnione. W listopadzie 1937 r. obradowała konferencja na temat sytuacji ekonomicznej Żydów. Próbę koordynacji wysiłków podjął wówczas Żydowski Komitet Gospodarczy. Jednak zaradzenie pogarszającej się sytuacji przy obojętnym lub wręcz nieprzychylnym stanowisku rządu przekraczało możliwości społeczności żydowskiej. Rozwiązanie jej problemów w tej sferze nie było zresztą możliwe w oderwaniu od problemów całego kraju.

Na domiar złego tradycyjne, religijne struktury pomocy charytatywnej przeżywały głęboki kryzys. Nie mogły one podołać zadaniu niesienia pomocy, gdy obszary biedy, a czasem wręcz nędzy, niebezpiecznie się rozszerzały. W tej sytuacji coraz poważniejszy udział w walce z tym zjawiskiem miały nowoczesne, świeckie organizacje charytatywne i samopomocowe. Nie mogły jednak skutecznie przeciwdziałać złu, gdyż dysponowały zbyt skromnymi środkami oraz były zbyt rozdrobnione. Wysiłki podejmowane w celu ich jednoczenia przynosiły skromne efekty. Masowa emigracja z kraju, którą chciały wymusić polskie środowiska nacjonalistyczne i do której popierania skłaniały się w latach trzydziestych także władze państwowe, nie mogła się rozwinąć, gdyż ograniczała ją polityka imigracyjna potencjalnych krajów osiedlenia (USA, brytyjskich władz mandatowych w Palestynie czy państw Ameryki Południowej). Narastający pod koniec okresu międzywojennego antysemityzm powodował, że plany tzw. ewakuacji Żydów z Polski — mimo całkowitej ich nierealności — mogły wydawać się jedynym wyjściem. Jednak większość Żydów pragnęła pozostać w kraju — i to mimo pogarszającej się sytuacji oraz coraz groźniejszych wieści z hitlerowskich Niemiec.

Dramatyzm naszkicowanego tu obrazu sytuacji żydostwa polskiego w omawianym okresie jest tylko częścią prawdy o dziejach tej społeczności w Polsce w latach 1918–1939. Proces odrodzenia narodowego wśród Żydów, skonfrontowany z narodzinami polskiego nacjonalizmu w końcu XIX i na początku XX w., przyniósł zaostrzający się stopniowo konflikt, który stał się jedną z głównych pożywek antysemityzmu. Jednak równocześnie sytuacja ta wytwarzała swoiste napięcie, które potęgowało jeszcze konflikty w ramach społeczności żydowskiej (zwolenników odrodzenia narodowego i tradycji religijnej czy asymilacji; socjalizmu i ortodoksji). Sama złożoność życia w dużym skupisku diaspory dostarczała wielu problemów, zmuszała do dyskusji, a więc i różnicowania się postaw. W ostatnich latach XIX i na początku XX w. powstały zalążki żydowskich ruchów politycznych oraz zróżnicowanego, często powiązanego z partiami, szkolnictwa. Państwo polskie i jego kolejne rządy nie chciały zaakceptować narodowego charakteru mniejszości żydowskiej, a już zdecydowanie odmawiały nadania jej autonomii narodowo-kulturalnej. Nie mogły one pozwolić sobie na przyjęcie postulatów w tej sferze jednej mniejszości, wobec zagrożenia jedności państwa przez zgłaszających w stosunku do Polski pretensje terytorialne sąsiadów, którzy mogli wykorzystywać w swej polityce sprawy mniejszości (np. Ukraińców, Białorusinów na Kresach wschodnich; Niemców na Kresach zachodnich i północnych). Mimo tych uwarunkowań, głównie za sprawą życia politycznego, którego areną był parlament polski, samorządy miejskie oraz inne fora publiczne, a także gminy wyznaniowe, w Polsce międzywojennej powstało kipiące życiem skupisko żydowskie. Nie uzyskiwało ono pomocy, a często i uznania państwa, ale też choć czasem stawiano jego rozwojowi pewne bariery, to jednak był on niemal swobodny. Najlepszym tego przykładem było szkolnictwo żydowskie. W okresie międzywojennym powstało i działało kilka jego rodzajów. Nie mogło się ono jednak w pełni rozwinąć wobec braku środków finansowych.

W sposób szczególny na tym tle widoczny był rozkwit kultury żydowskiej w Polsce, do czego przyczynił się głównie wspomniany już proces odrodzenia narodowego Żydów. Przyniósł on ze sobą powstanie bardzo prężnej prasy (w tym wielkonakładowych dzienników), instytucji wydawniczych, życia literackiego, teatralnego, artystycznego i sportowego. W większości dziedzin nowoczesnej, świeckiej kultury skupisko żydowskie w Polsce miało większe niż gdziekolwiek na świecie osiągnięcia (zwłaszcza wobec ograniczonych możliwości jej rozwoju w Rosji sowieckiej). Tak np. większość filmów żydowskich została wyprodukowana właśnie w Polsce.

Równocześnie żydostwo polskie nie utraciło swej dominującej pozycji w świecie tradycyjnej kultury religijnej. Nadal z naszego kraju wychodziły na zewnątrz ważne impulsy jej rozwoju. Do sławnych jesziw na ziemiach polskich przybywali studenci z całego świata, a emigrujący z nich na Zachód rabini cieszyli się uznaniem i zajmowali niejednokrotnie poczesne miejsca w ortodoksyjnych środowiskach krajów osiedlenia. Wiele inicjatyw zmierzających do tego, by tchnąć nowe treści w tradycyjny judaizm, odbijało się też szerokim echem po świecie. Toteż właśnie w Warszawie miała swą siedzibę centrala religijna światowego ruchu ortodoksji, tj. Agudy.

Na szczególne podkreślenie zasługuje szeroki rozwój kultury żydowskiej w wielu, w tym także prowincjonalnych, ośrodkach. Powstawały przede wszystkim setki stowarzyszeń o charakterze kulturalnym. Szeroko rozgałęziony był amatorski ruch artystyczny; m.in. działały dziesiątki nieprofesjonalnych zespołów teatralnych oraz trupy tzw. teatrów wędrownych. Także najwybitniejsze zespoły (w tym stołeczne) objeżdżały ze swymi spektaklami nawet małe prowincjonalne miasteczka. Wielkimi ośrodkami wydawniczymi prasy były Warszawa, Wilno, Lwów, Kraków, Białystok, ale periodyki, w tym także literacko-kulturalne, ukazywały się w bardzo licznych miastach prowincjonalnych. Powstała sieć setek bibliotek, stanowiąca oparcie dla ożywionego ruchu czytelniczego. Wymienione przykłady są tylko niektórymi sygnałami świadczącymi o bujnym rozwoju życia kulturalnego Żydów w Polsce, które stanowiło najistotniejszy dorobek żydostwa polskiego w okresie poprzedzającym Zagładę.

1918
Powstaje Żydowska Rada Narodowa w Krakowie, która m.in. organizuje żydowską samoobronę; 4 XI 1918 r. wydaje manifest zawierający żądania autonomii narodowej dla Żydów w Polsce; we Lwowie 1 XI 1918 r. powstaje Żydowski Komitet Bezpieczeństwa Publicznego

12 XI 1918
Józef Piłsudski zaprasza przedstawicieli partii żydowskich na rozmowy w sprawie formowania rządu; biorą w nich udział,

przedstawiając mu swe dezyderaty, reprezentanci wszystkich ugrupowań (poza Bundem)

22 XI 1918
We Lwowie po zakończeniu walk w mieście z siłami ukraińskimi dochodzi do pogromu Żydów (ok. 150 ofiar śmiertelnych, ok. 7 tys. poszkodowanych, 50 spalonych domów dwu- i trzypiętrowych i 500 obrabowanych sklepów)

XII 1918
Na konferencji w Warszawie powstaje Tymczasowa Żydowska Rada Narodowa; zdominowanie jej przez syjonistów sprawi, że nie stanie się reprezentacją całego żydostwa polskiego; niemal równocześnie na konferencji w Stanisławowie powstaje podobna reprezentacja Żydów znajdujących się pod władzą Zachodnioukraińskiej Republiki Ludowej, która postanawia zachować neutralność w wojnie polsko-ukraińskiej

1918
W Warszawie powstaje Państwowe Seminarium dla Nauczycieli Religii Mojżeszowej

1918
Umiera rabin Chaim Sołowiejczyk (ur. 1853), twórca metody dociekań talmudycznych polegającej na wyłanianiu głównych idei; stała się ona najważniejszym kierunkiem studiów w jesziwach na całym świecie

1918/19
Wojska atamana Semena Petlury dokonują pogromów Żydów na Ukrainie; w 1926 r. Petlura zginie w Paryżu z rąk rosyjskiego Żyda, żołnierza i poety Szaloma Szwarcbarta

1918/19
W Łodzi powstaje pierwsze w Polsce żydowskie ugrupowanie artystyczno-literackie „Jung Jidisz"

1918-1920

Dążąc do utworzenia tzw. wielkiej Litwy (z włączeniem części ziem polskich i białoruskich) Litwini obiecują udzielić daleko idących koncesji na rzecz Żydów, zyskując ich poparcie na arenie międzynarodowej (później większości obietnic nie dotrzymają, m.in. znosząc przyznaną uprzednio autonomię kulturalną); Żydzi z Wilna i okolic opowiadają się za plebiscytem dotyczącym przynależności państwowej, co powoduje napięcia w stosunkach polsko-żydowskich; wiosną 1919 r. dochodzi do pogromu w Wilnie na tle pomówień o to, że Żydzi strzelali do wkraczających wojsk polskich

1918-1921

Pogromy i prześladowania wymierzone przeciw Żydom w okresie chaosu po odzyskaniu niepodległości oraz walk o granice; prym w nich wiodą żołnierze z Wielkopolski i hallerczycy; 13 VII–3 IX 1919 r. w Polsce działa specjalna amerykańska komisja rządowa do zbadania stosunków polsko-żydowskich, zwana od nazwiska jej przewodniczącego Komisją Morgenthaua, której raport potwierdzi liczne przypadki ekscesów antyżydowskich (słowo pogrom uznano za nieprecyzyjne)

22 II 1919

Przedstawiciele żydowskich partii w Sejmie RP składają oświadczenia deklarujące radość z odzyskania przez Polskę niepodległości

5 IV 1919

Lokalne władze wojskowe w Pińsku po odbiciu miasta z rąk sowieckich rozstrzeliwują bez sądu 37 Żydów pod zarzutem antypolskiego spisku; oskarżenie okaże się fałszywe, cała zaś sprawa wzbudzi protesty w sejmie i opinii światowej

1919

Ruch asymilatorski z Królestwa i Galicji zostaje połączony w Zjednoczeniu Polaków Wyznania Mojżeszowego Wszystkich Ziem Polskich

1919

Powstaje Centrala Związku Kupców w Warszawie, przekształcona z założonego w 1905 r. Związku Kupców miasta Warszawy; w 1932 r. zrzeszać ona będzie ponad 30 tys. żydowskich placówek handlowych

1919

Podczas konferencji pokojowej w Wersalu działa Komitet Delegacji Żydowskich, zabiegający o zabezpieczenie praw Żydów; w jego skład wchodzą reprezentanci Żydów polskich, przede wszystkim Żydowskiej Rady Narodowej

1919

Sejm przyjmuje ustawę o rejestracji oficerów byłych państw zaborczych; na jej podstawie do służby nie powołano tych, którzy deklarowali narodowość żydowską, w tej sprawie interpelacje składać będą posłowie żydowskich ugrupowań narodowych

28 VI 1919

Podpisanie, m.in. przez Polskę, w ramach traktatu pokojowego w Wersalu tzw. traktatu mniejszościowego, gwarantującego prawa także mniejszości żydowskiej; ze strony polskiej jego sygnatariuszami są Ignacy Paderewski i Roman Dmowski; 31 VII 1919 r. po burzliwej dyskusji Sejm RP ratyfikuje traktaty pokojowy i mniejszościowy

1919

Naczelnik Państwa wydaje dekret o organizacji gmin żydowskich na terenie b. Kongresówki, nadający samorządowi żydowskiemu głównie charakter religijny (por. rok 1916); stopniowo jego obowiązywanie rozciągnięto na teren całego kraju rozporządzeniami z 1925 i 1927 r.; ujednolicenie norm prawnych w tej sferze na terenie całego państwa (z wyjątkiem województwa śląskiego) przyniosą rozporządzenia prezydenta z 1927 i 1928 r.

1919

Sejm przyjmuje ustawę o czasie pracy w przemyśle i handlu, czyniącą niedzielę obowiązkowym dniem wolnym od pracy oraz ograniczającą godziny otwarcia sklepów; przepisy te godzą w wiele przedsiębiorstw żydowskich (m.in. ze względu na konieczność zamykania ich na dwa dni w tygodniu); mimo licznych zabiegów i protestów strony żydowskiej przepisy te nie zostaną uchylone

1919

W Polsce zostaje powołany Urząd Palestyński — syjonistyczna agenda organizująca emigrację do Palestyny

1919-1939

We Lwowie ukazuje się „Chwila", pierwszy wielkonakładowy dziennik żydowski w języku polskim; wokół niego powstanie pierwsze środowisko pisarzy polsko-żydowskich (tworzących literaturę żydowską w języku polskim)

1919

Ukazuje się związany z ortodoksją tygodnik „Der Jud" („Żyd", dziennik od 1920 r.); w 1929 r. przemianowany na „Dos Jidisze Togbłat" („Dziennik Żydowski") — do 1939 r. główny organ Agudy

1919-1922

Dochodzi do rozłamu wewnątrz Bundu; w jego efekcie z partii tej odejdzie grupa tzw. Kom-Bund, ostatecznie wchłonięta przez KPP

1920

Wobec zagrożenia państwa i porażek na froncie polsko-sowieckim, prawdopodobnie z inicjatywy premiera Władysława Grabskiego, dochodzi do rozmów z Tymczasową Żydowską Radą Narodową, mających na celu zawarcie polsko-żydowskiego porozumienia

1920
Latem tego roku w Jabłonnie pod Warszawą w nie wyjaśnionych do końca okolicznościach powstaje obóz internowania dla Żydów — żołnierzy polskich; wokół tej sprawy wybucha skandal; żydowscy parlamentarzyści składają interpelacje; obóz zlikwidowano we wrześniu

1920
Podczas pierwszego zjazdu Bundu w Polsce Odrodzonej dokonuje się jego zjednoczenie z galicyjską Żydowską Partią Socjal-Demokratyczną

1920
Powstaje Syjonistyczna Partia Pracy Hitachdut, zmierzająca do budowy siedziby narodowej dla Żydów w Palestynie oraz urzeczywistnienia idei socjalizmu drogą ewolucyjną

1920
Zostaje zawarte porozumienie polsko-austriackie, w którym strona polska zobowiązuje się przyjąć uciekinierów z Galicji z okresu I wojny światowej; cadyk z Bełza powróci do Polski dopiero w 1923 r.

1920
Pod auspicjami partii Mizrachi powstaje w Warszawie Seminarium Rabiniczne Tachkemoni

1920
W Warszawie powstaje lewicowa organizacja Unzere Kinder (Nasze Dzieci), prowadząca placówki edukacyjne z językiem jidysz jako wykładowym; zostanie ona wkrótce rozwiązana pod zarzutem ulegania infiltracji komunistycznej

1921/2
Sześciuset członków trzech jesziw nowogródzkich z ruchu Bejt Josef, związanych swą genezą z ruchem MUSAR,

powraca z ZSRR do Polski; jesziwa z Berdyczowa uczyni to w 1925 r.

1920-1922
Dochodzi do rozłamu w ruchu poalej-syjonistycznym; występuje zeń grupa prawicowych działaczy, którzy w 1922 r. utworzą partię Poalej Syjon-Prawica

1921
Wiktor Alter (1890–1941), jeden z przywódców Bundu, wyjeżdża jako obserwator na Kongres Międzynarodówki Komunistycznej do Moskwy, gdzie wkrótce zostaje aresztowany, a następnie wydalony z ZSRR

1921
Spis powszechny wykazuje, że w Polsce mieszka ok. 2 mln 849 tys. Żydów (10,5% ogółu ludności); spośród nich: 60,2% — w Kongresówce; 12,1% — na Kresach; 25,9% — w Małopolsce; 1,1% — w byłym zaborze pruskim; w spisie za Żydów uznawano obywateli wyznania mojżeszowego, 25,89% z nich deklaruje narodowość polską; spisem nie objęto ludności na Górnym Śląsku i Wileńszczyźnie

17 III 1921
Sejm uchwala *Konstytucję Rzeczpospolitej Polskiej*, zawierającą gwarancje równości obywatelskich dla mniejszości narodowych

1921
Powstaje Agudat ha-Rabanim be-Polin, zwany też Związkiem Rabinów RP

1921
Powstaje zjednoczona partia Poalej Syjon, łącząca idee syjonistyczne i socjalistyczne; po utworzeniu Poalej Syjon-Prawicy

(por. lata 1920–1922) i odejściu w 1925 r. komunizujących grup, powstanie Poalej Syjon-Lewica, nie uczestnicząca (w przeciwieństwie do PS-Prawicy) w akcjach ogólnosyjonistycznych

1921
Pierwsza światowa konferencja ruchu młodzieżowego pn. He-Chaluc (Pionier — por. lata 1900–1905) podczas XII Kongresu Syjonistycznego w Karlsbadzie powołuje swą światową federację oraz kierownictwo z siedzibą w Warszawie; He-Chaluc organizował przysposobienie zawodowe swych członków do kolonizacji Palestyny — zwłaszcza do pracy na roli — poprzez pracę (hachszarę) w młodzieżowych komunach (kibucach); wśród licznych organizacji halucowych w Polsce do najważniejszych należały Ha-Szomer ha-Cair (por. lata 1913, 1924) oraz Gordonia (por. rok 1923)

1921
Pierwszy Zjazd Szkolny w Warszawie powołuje Centrale Jidisze Szuł-Organizacje (Zjednoczoną Żydowską Organizację Szkolną, zwaną w skrócie CISZO) prowadzącą świeckie szkoły z językiem jidisz jako wykładowym; dominują w niej wpływy Bundu i Poalej Syjon

1921
Odbywa się Pierwsza Konferencja Towarzystwa Żydowskich Szkół Średnich z siedzibą w Łodzi, utrzymującego szkoły polsko-hebrajskie; pierwsza tego typu placówka powstała w Łodzi w 1912 r.; rozwój prywatnych szkół średnich Związku, obejmujący początkowo Kongresówkę, a potem Małopolskę, będzie szybszy w latach 30., gdy gimnazja publiczne staną się mniej dostępne dla Żydów

1921
W Polsce podejmuje działalność organizacja Kultur Liga (założona w Kijowie w 1917 r.), mająca na celu wspieranie rozwoju

kultury jidisz; m.in. będzie ona prowadzić jedną z ważniejszych oficyn wydawniczych

1921
Artyści żydowscy z Warszawy i Łodzi organizują I Ogólnopolską Wystawę Sztuki Żydowskiej — początek powstawania struktur międzyśrodowiskowych żydowskiego życia artystycznego w Polsce

1921
Powstaje Stowarzyszenie Pomocy Studentom Żydom pn. „Auxilium Academicum Judaicum"

1921
W Warszawie powstaje Komitet do Spraw Sztuki Żydowskiej, przemianowany w 1923 r. na Żydowskie Towarzystwo Krzewienia Sztuk Pięknych (do 1939 r. zorganizuje ogółem ok. 90, a wedle innych źródeł — ok. 120 wystaw)

1921
Powstaje Związek Żydowskich Towarzystw Spółdzielczych w Polsce

I 1922
Franciszkanin ojciec Maksymilian Kolbe zaczyna wydawać w Niepokalanowie miesięcznik „Rycerz Niepokalanej"; od 1935 r. wydawano tam czasopismo „Mały Dziennik", pozostające pod wpływami Obozu Narodowo-Radykalnego A.B.C. (por. rok 1934); w obu tych periodykach będą pojawiały się teksty o charakterze antysemickim

1922
Żydowska Rada Narodowa wysuwa projekt swej reorganizacji — mieli do niej wejść Żydzi kandydujący w wyborach parlamentarnych, którzy zbiorą odpowiednią liczbę głosów; planu tego nie zaakceptują partie pozostające w opozycji do syjonistów; będzie ona zatem działać nadal, mając już jednak mniejsze niż dotychczas znaczenie

1922
Przed wyborami do sejmu dochodzi do zawiązania Bloku Mniejszości Narodowych; głównym jego twórcą był Icchak Grünbaum (1874–1970), wpływowy — zwłaszcza w Kongresówce — polityk syjonistyczny; sojusz ten mimo sukcesu wyborczego okaże się nietrwały, a próba jego odtworzenia w czasie następnych wyborów będzie nieudana

1922
Władze polskie przystają na uznanie uczęszczania do szkół religijnych za wypełnienie obowiązku szkolnego pod warunkiem ich modernizacji poprzez wprowadzenie minimum 12 godzin tygodniowo nauk świeckich prowadzonych w języku polskim

1922
Pod auspicjami organizacji syjonistycznej powstaje Żydowskie Stowarzyszenie Oświatowo-Kulturalne Tarbut, prowadzące szkoły z wykładowym językiem hebrajskim

1922
Partia Mizrachi tworzy organizację oświatową Jawne (Jabne), która w programie swych szkół łączyć będzie elementy syjonistyczne i ortodoksyjne

1922
Powstaje Towarzystwo Ochrony Zdrowia Ludności Żydowskiej w Polsce (TOZ) — organizacja społeczna działająca na rzecz profilaktyki i innych form opieki zdrowotnej; było to jedno z najważniejszych nowoczesnych żydowskich stowarzyszeń pomocy społecznej, które zaczęły powstawać w XX w. wobec kryzysu i niemożności stawienia czoła rosnącym potrzebom ludności żydowskiej przez tradycyjne organizacje religijne (chewrot)

ok. 1922
W Warszawie powstają ekspresjonistyczne ugrupowania literacko-artystyczne „Chaliastre" i „Albatros"

1922
Przy Żydowskim Towarzystwie Muzycznym powstaje Związek Żydowskich Towarzystw Muzycznych i Śpiewaczych, dostarczający chórom żydowskim nuty (głównie pieśni ludowych) oraz urządzający zjazdy, konkursy itp.

9 XII 1922
Wybór Gabriela Narutowicza na pierwszego prezydenta RP, m.in. głosami mniejszości narodowych, staje się przyczyną nagonki propagandowej nacjonalistów, wywołującej napięcie w stosunkach polsko-żydowskich

1922-1926
Usuwanie studentów żydowskich z niektórych ogólnodostępnych stowarzyszeń akademickich

1922-1932
Powstanie i działalność Stowarzyszenia Artystów Plastyków „Rytm"; jego współzałożycielami byli: Roman Kramsztyk (1885–1942), Eugeniusz Zak (1884–1926) i zasymilowany rzeźbiarz Henryk Kuna (1885–1945), a jego członkiem do 1929 r. Leopold Gottlieb (1879–1934); artyści żydowscy byli członkami wszystkich polskich ugrupowań artystycznych w latach międzywojennych

1922-1939
Ukazuje się tygodnik „Fołks-Cajtung" („Gazeta Ludowa"), który już jako dziennik stanie się organem KC Bundu; początki prasy bundowskiej sięgają nielegalnych gazetek z końca XIX w.

1923
Włodzimierz Żabotyński występuje z władz Światowej Organizacji Syjonistycznej i tworzy zaczątki ruchu rewizjonistycznego, nawołującego do bezkompromisowej walki o państwo żydowskie

(w 1925 r. powstanie partia rewizjonistów, która w 1935 r. dokona secesji ze Światowej Organizacji Syjonistycznej jako Nowa Organizacja Syjonistyczna); pierwsza konferencja polskich rewizjonistów odbędzie się w 1926 r.

1923
W Galicji zostaje zainicjowany pionierski ruch syjonistyczny pn. Gordonia

1923
Komisja Oświatowa Sejmu podejmuje uchwałę o wprowadzeniu na wyższych uczelniach *numerus clausus* dla mniejszości narodowych; akcja parlamentarzystów żydowskich oraz interwencje zagraniczne przeciw łamaniu postanowień traktatu mniejszościowego spowodują, że nie wejdzie ona pod obrady sejmu; sprawa ta powracać będzie jeszcze kilkakrotnie (także na forum sejmu); mimo że we wczesnej fazie rządów sanacji Ministerstwo Wyznań Religijnych i Oświecenia Publicznego zakazało stosowania *numerus clausus*, Żydzi będą mieli utrudniony dostęp do szkolnictwa średniego i wyższego

1923
Jesienią tego roku napaść ze strony endeków na grupę studentów żydowskich w akademii rolniczej w Dublanach uniemożliwia im podjęcie studiów

1923
Zjazd Żydowskiej Młodzieży Akademickiej we Lwowie powołuje Związek Żydowskich Stowarzyszeń Akademickich z siedzibą w Warszawie

1923-1939
W Warszawie wychodzi ,,Nasz Przegląd'', największy dziennik żydowski w języku polskim; w latach 30. związane z nim środowisko będzie miało decydujące znaczenie dla rozwoju literatury polsko-żydowskiej

1924

Sąd Najwyższy orzeka, że przepisy niezgodne z Konstytucją RP zostają uchylone w ciągu roku, o ile nie wymaga to wydania nowych ustaw (przede wszystkim wiążące się z brakiem równości praw obywateli), zaś sprzeczne z nią winny być zniesione w drodze ustawowej; natomiast Najwyższy Trybunał Administracyjny uznaje, że wszystkie normy dyskryminacyjne odziedziczone po prawodawstwach zaborczych muszą być unieważnione ustawowo; problem ten był wielokrotnie podnoszony przez polityków żydowskich w Polsce, m.in. na forum sejmu

1924

W Bundzie wybucha spór wokół projektu o przystąpieniu do Międzynarodówki Socjalistycznej bądź Komunistycznej, zakończony rezolucją o jego odrzuceniu

1924

Na zjeździe w Gdańsku powstaje Światowa Federacja Ha-Szomer ha-Cair (por. rok 1913); w Polsce w połowie lat 30. organizacja ta, jako jedyna spośród organizacji żydowskich, zostanie uznana za skautową przez władze Związku Harcerstwa Polskiego i władze państwowe

1924

Powstaje Waad ha-Jesziwot (Komitet Jesziw), który podejmie działalność w 1925 r., otaczając opieką głównie uczelnie kresowe

1924

W Wilnie zostaje otwarty Żydowski Instytut Muzyczny z programem, jaki obowiązywał w konserwatoriach państwowych

1924

I Zjazd Biblioteczny w Warszawie powołuje Centralę Biblioteczną przy Kultur-Lidze, mającą sprawować opiekę nad żydowskimi bibliotekami ludowymi

1924-1928

Od 1918 r. administracja polska na Kresach zwlekała z regulowaniem sprawy obywatelstwa wielu tamtejszych Żydów oraz była niechętna uchodźcom z Rosji; dopiero w tym okresie w toku uproszczonego postępowania uznano obywatelstwo polskie 600 tys. Żydów

25 IV 1925

Poseł Leon Reich (1879–1929) podczas sejmowej debaty budżetowej zgłasza wotum nieufności dla rządu Władysława Grabskiego

4 VII 1925

W rezultacie rozmów prowadzonych przez syjonistów z byłej Galicji, posłów Leona Reicha i Ozjasza Thona oraz ministrów wyznań religijnych i oświecenia publicznego Stanisława Grabskiego i spraw zagranicznych Aleksandra Skrzyńskiego zostaje podpisana ugoda polsko-żydowska, będąca jedyną w okresie międzywojennym próbą kompleksowego ułożenia stosunków między rządem a Żydami; władze ogłaszają tzw. małą ugodę (12 punktów), gdy strona żydowska domaga się przestrzegania szerszego porozumienia (42 punkty); protesty ze strony Stronnictwa Narodowego oraz wielu sił żydowskich, a przede wszystkim rychły upadek rządu Władysława Grabskiego niweczą dorobek ugody

1925

Zjednoczenie ruchu syjonistycznego w Polsce; powstaje Organizacja Syjonistyczna, zwana Ogólną

1925

III Kongres Klasowych Związków Zawodowych uchwala rezolucję domagającą się respektowania konstytucyjnego prawa obywateli do pracy bez względu na narodowość i wyznanie; w istocie przez cały okres międzywojenny przedsiębiorstwa i urzędy państwowe oraz samorządowe unikały zatrudniania Żydów

1925

Polskie władze oświatowe uznają uczęszczanie do szkół organizacji Jawne za spełnienie obowiązku szkolnego

1925

Powstaje Żydowski Instytut Naukowy w Wilnie (JIWO), instytucja naukowa promująca nowoczesne badania społeczności żydowskiej

1925

Warszawskie Towarzystwo Krzewienia Nauk Judaistycznych podejmuje decyzję o utworzeniu Instytutu Nauk Judaistycznych, który rozpocznie działalność 19 II 1928 r.

1925

We Lwowie powstaje Kuratorium Opieki nad Zabytkami Sztuki Żydowskiej

1925

Powstaje Żydowskie Akademickie Koło Miłośników Krajoznawstwa

1925

Szymon Dubnow wydaje *Pinkas medinat Lite* — kronikę sejmu Żydów litewskich

1925

Umiera aktorka Ester Rachel Kamińska (ur. 1870), zwana żydowską Eleonorą Duse i matką teatru żydowskiego

1925

Związek Artystów Scen Żydowskich wprowadza egzaminy dla przyszłych aktorów oraz staże aspiranckie i kandydackie

1925/6

Dwujęzyczne szkoły powszechne (polsko-hebrajskie i polsko-żydowskie) stanowią 3% ogólnej liczby prywatnych szkół żydowskich

1926

Rząd polski wydaje deklarację dotyczącą stosunku do syjonizmu, będącą powtórzeniem deklaracji Balfoura (por. 2 XI 1917 r.); poparcie dla tego ruchu będzie bardziej zdecydowane w latach 30., gdy obóz rządzący zacznie przychylać się do stanowiska, że rozwiązaniem tzw. kwestii żydowskiej w Polsce winna być masowa emigracja

1926

Powstaje Żydowskie Towarzystwo Krajoznawcze

1926

Dochodzi do rozłamu wśród fołkistów, podcinającego siły tej partii; secesjoniści zakładają Stronnictwo Demokratyczno-Ludowe z siedzibą w Wilnie

1926

Przewrót majowy zostaje przyjęty przez żydowską opinię publiczną i główne siły polityczne z nadzieją na korzystne zmiany w polityce wobec mniejszości żydowskiej; exposé premiera pierwszego po przewrocie rządu prof. Kazimierza Bartla z 19 VII 1926 r. witano jako zapowiedź przełomu w stosunkach polsko-żydowskich; nadzieje te jednak nie potwierdzą się; w 1927 r. władze Bundu podejmą rezolucję potępiającą „reakcyjne" rządy sanacji, a dwa zjazdy rabinów (w Tarnowie i Lwowie) opowiedzą się za pełnym podporządkowaniem polityce rządu

1927

V Kongres PEN-Clubu wyraża zgodę na powstanie Żydowskiego PEN-Clubu z siedzibą w Wilnie (dla odróżnienia go od Polskiego), co pozostaje sprzeczne z zasadami struktury językowo-krajowej tej organizacji; z czasem powstaną dwie jego sekcje w Warszawie i Nowym Jorku; poprzednio jedyną reprezentacją pisarzy żydowskich w Polsce było Stowarzyszenie Pisarzy i Dziennikarzy Żydowskich w Warszawie

1928

W sejmowym Kole Żydowskim wybucha konflikt — głównie pomiędzy frakcjami syjonistycznymi z byłej Kongresówki (Al ha-Miszmar, opowiadającą się za zdecydowaną opozycją wobec rządu) i z byłej Galicji (Et Liwnot, zajmującą ugodowe stanowisko); osłabi on jedność Koła Żydowskiego także w czasie następnej kadencji parlamentu (1928–1930)

1928

Pod auspicjami Poalej Syjon-Prawicy i fołkistów powstaje organizacja oświatowa Szuł- und Kultur Farband (Szuł-Kułt), prowadząca szkoły dwujęzyczne (jidisz i hebrajskie)

1928

W Wilnie powstaje Towarzystwo Przyjaciół Teatru

1928-1939

W Warszawie działa Koło Historyków przy Towarzystwie Przyjaciół JIWO

1929

Powstaje polski oddział Agencji Żydowskiej, organizacji syjonistycznej współpracującej z władzami mandatowymi w Palestynie

1929

Koło Żydowskie w sejmie przedstawia własny projekt dotyczący szkolnictwa mniejszości narodowych

1929

Pod auspicjami Agudy powstaje Centralna Organizacja Oświatowa Chorew, prowadząca szkoły dla chłopców i opiekująca się jesziwami w b. Kongresówce; ortodoksyjne szkolnictwo żeńskie tworzy organizacja Bejt Jakow, zainicjowana w 1917 r. otwarciem szkoły w Krakowie

1929
Następuje ponowna konsolidacja ruchu fołkistycznego (por. rok 1926); w 1931 r. wspólny zjazd fołkistów i Stronnictwa Demokratyczno-Ludowego ostatecznie proklamuje odrodzenie żydowskiego ruchu ludowego w Polsce

1929
W Warszawie powstaje organizacja pisarzy hebrajskich pn. Zrzeszenie Pisarzy i Dziennikarzy Żydowskich

1929
W Wilnie powstaje grupa artystyczno-literacka „Jung Wilne"

18 VI 1930
Centrolew na forum senatu proponuje mniejszościom narodowym wspólną deklarację; reprezentacja Żydów odrzuca tę propozycję; podobne stanowisko zajmują wszystkie ugrupowania żydowskie

1930
Ponownie dochodzi do starć w kierownictwie Bundu na tle projektowanego przystąpienia do II Międzynarodówki Socjalistycznej (por. rok 1924); kończy je rezolucja o przystąpieniu do Paryskiego Biura Rewolucyjnych Partii Socjalistycznych; w egzekutywie Międzynarodówki będą zasiadać przywódcy Bundu Wiktor Alter i Henryk Erlich (1882–1941)

1930
Otwarcie Jesziwat (Jeszywas) Chachmej Lublin (Jesziwy Mędrców Lublina) założonej przez rabina Mejera Szapirę (1887–1934)

1930

Na wniosek prof. Majera Bałabana (1877–1941) V Powszechny Zjazd Historyków Polskich podejmuje uchwałę, że „uznaje konserwację, zbadanie zabytków i wydanie źródeł do historii Żydów w Polsce za istotny postulat nauki polskiej"; była to tylko deklaracja intencji

1930

Zjazd organizacyjny Oddziału Polskiego Wszechświatowego Związku Makabi poleca swym klubom przystąpić do odpowiednich ogólnopolskich związków sportowych

1931

Spis powszechny wykazuje, że w Polsce mieszka 3 mln 114 tys. Żydów (ok. 9,8% ogółu ludności); 80% wyznawców religii mojżeszowej deklaruje, że ich językiem rodzimym jest jidisz; 12% — polski; 8% — hebrajski

1931

Sejm, na wniosek Rady Ministrów, uchwala ustawę ostatecznie znoszącą wszelkie przepisy ograniczające prawa obywateli „z tytułu pochodzenia, narodowości, języka, rasy lub religii"

1931

Poważne kontrowersje i napięcia wywołuje paragraf 20 *Regulaminu wyborczego do Żydowskich Gmin Wyznaniowych*, który przewiduje możliwość pozbawienia praw wyborczych osoby występujące przeciw religii mojżeszowej; władze i ortodoksi uważały ten przepis za środek obrony religijnego charakteru gmin, przeciw czemu protestowały pozostałe żydowskie ugrupowania polityczne

1931

Ministerstwo Wyznań Religijnych i Oświecenia Publicznego wydaje rozporządzenie o gospodarce finansowej gmin, ustalające stałe podstawy wymiaru opodatkowania na ich rzecz; do jego wprowadzenia — wobec protestów zainteresowanych — ostatecznie nie dojdzie

1931

W Gdańsku odbywa się pierwszy światowy kongres organizacji Betar (właściwie Stowarzyszenia Młodzieży Żydowskiej im. Josefa Trumpeldora); stała się ona, zwłaszcza w Polsce pod kierownictwem Menachema Begina (ur. 1913), radykalnym i bojowym skrzydłem rewizjonistów; prowadziła intensywne szkolenie wojskowe; większość jej członków przed II wojną światową stanowili polscy Żydzi

1931

W Krakowie powstaje Zrzeszenie Żydowskich Malarzy i Rzeźbiarzy, mające charakter ogólnopolski

1931-1932

Aktywizacja propagandy antysemickiej Stronnictwa Narodowego przyczynia się m.in. do ekscesów antyżydowskich na wyższych uczelniach; 10 XI 1931 r. podczas zajść antyżydowskich na Uniwersytecie Stefana Batorego w Wilnie ginie student Stanisław Wacławski; przyczyni się to do wzrostu napięcia na wyższych uczelniach

1931-1934

W Warszawie ukazuje się miesięcznik literacki „Literarisze Tribune" („Trybuna Literacka"), zamknięty przez władze ze względu na jego powiązania lewicowe (w tym komunistyczne)

1932

Podczas X Światowej Konferencji Poalej Syjon-Prawicy dokonuje się połączenie jej Komitetu Centralnego z Syjonistyczną Partią Pracy Hitachdut; zjednoczenie to uznają organizacje terenowe we wschodniej Małopolsce, w Kongresówce zaś Rada Centralna Poalej Syjon-Prawicy i Komitet Centralny Hitachdut nie podporządkują się tej decyzji

1932
Prawa publiczne uzyskują 2 gimnazja z językiem wykładowym hebrajskim, a w roku następnym — jedno z językiem jidisz; fakty te powitano jako zapowiedź generalnej zmiany stosunku władz do potrzeb kultury żydowskiej; nadzieje te okazały się przedwczesne

1932
Podczas letniej Makabiady (światowe igrzyska Makabi) w Palestynie ekipa polska zajmuje I miejsce w klasyfikacji punktowej

1932
W ramach związku sportowego Makabi powstaje Referat Wychowania Fizycznego Kobiet

1932
Prasa żydowska wydawana jest w 41 ośrodkach; ogółem w latach 30. ukazuje się jednocześnie ok. 150 pism żydowskich w jednorazowym nakładzie 350 tys. egzemplarzy

1932/3
Centralny Komitet Bundu decyduje się na odejście od jednolitego frontu z PPS, m.in. wobec nie spełnionych nadziei na pełne poparcie socjalistów polskich w walce z antysemityzmem, mimo formalnych zapewnień w tej sprawie

27 III 1933
Dzień protestu przeciw uciskowi Żydów przez władze hitlerowskie; wkrótce powstanie Zjednoczony Komitet Żydowski Niesienia Pomocy Uchodźcom z Niemiec z siedzibą w Warszawie;

w maju parlamentarne Koło Żydowskie wystąpi z petycją do Ligi Narodów w sprawie prześladowań Żydów w Niemczech

1 IV 1933
Ambasador RP w Niemczech Alfred Wysocki podejmuje interwencję w obronie Żydów-obywateli polskich prześladowanych przez władze hitlerowskie

1933
Przedstawiciele żydowskiego środowiska historycznego w Polsce biorą udział w Międzynarodowym Kongresie Nauk Historycznych w Warszawie

1933
Na łamach tygodnika „Opinia" wywiązuje się polemika nt. literatury polsko-żydowskiej; jej początki sięgały lat 60. XIX w.

1933
W Zakopanem odbywa się zimowa Makabiada, zorganizowana przez działaczy klubu Makabi-Kraków

1934
Minister spraw zagranicznych Józef Beck wypowiada w imieniu Polski w Lidze Narodów artykuł 12 traktatu mniejszościowego (dot. międzynarodowego nadzoru jego realizacji) do czasu przyjęcia go przez inne państwa, deklarując równocześnie zamiar respektowania innych postanowień ww. traktatu

1934
Powstaje Obóz Narodowo-Radykalny, polska organizacja nacjonalistyczna nawiązująca do wzorców faszystowskich; zostanie rozwiązana przez władze w tym samym roku m.in. za „inspirowanie zaburzeń, ekscesów i podsycanie nienawiści rasowej"; będzie kontynuowała działalność nielegalnie; w wyniku rozłamu

powstaną z niej ONR-Falanga (pod przywództwem Bolesława Piaseckiego) i ONR-A.B.C.; ONR prezentował skrajnie antysemickie poglądy; jego bojówki napadały na Żydów i wzniecały ekscesy antysemickie na wyższych uczelniach

1934
Josef Izaak Szneersohn, cadyk z Lubawicz, po opuszczeniu ZSRR, a następnie Łotwy, osiada w Polsce, zakładając jesziwę chabadzką (por. lata 1798 i 1813); opuści nasz kraj po wybuchu II wojny światowej i przeniesie się do Nowego Jorku

1934
W Wiedniu umiera poeta Chaim Nachman Bialik (ur. 1873), zwany odnowicielem poezji hebrajskiej

1935
We Lwowie zostaje otwarte Żydowskie Muzeum Sztuki

1935
W Warszawie powstaje Biblioteka „Chafec-Chaim" (ściślej Dom Książki im. Chafeca Chaima), nowożytna publiczna biblioteka religijna przy stowarzyszeniu handlowców-członków Agudy

1935
Powstaje Światowa Federacja Żydów Polskich z siedzibą w Nowym Jorku

1935
Umiera Sara Schenierer (ur. 1883), inicjatorka ruchu odrodzenia religijnego kobiet żydowskich i organizacji Bejt Jakow (por. rok 1929)

9 III 1936
Pogrom antyżydowski w Przytyku, którego przyczyną była bójka żydowskiego sklepikarza z polskim chłopem (ten ostatni poniósł

śmierć); reakcje: gwałtowna antysemicka kampania Stronnictwa Narodowego oraz w Warszawie i Łodzi kilkugodzinny strajk robotników i pracowników-Żydów, proklamowany przez Bund i Poalej Syjon jako protest przeciw antysemityzmowi i zajściom w Przytyku; pogrom w Przytyku stanie się symbolem wielu podobnych zajść w drugiej połowie lat 30.; największe rozmiary miały zajścia w Grodnie w czerwcu 1935 r., w Przytyku, w Mińsku Mazowieckim w czerwcu 1936 r., w Brześciu w maju 1937 r., w Częstochowie w czerwcu 1937 r., w Bielsku-Białej we wrześniu 1937 r.

1936
Sejm uchwala ustawę ograniczającą ubój rytualny do administracyjnie wyznaczanych kontyngentów; protesty strony żydowskiej

4 VI 1936
Premier Felicjan Sławoj Składkowski w swym wystąpieniu sejmowym potępia akty przemocy fizycznej wobec Żydów, akceptując równocześnie bojkot ekonomiczny: „Walka ekonomiczna, owszem, ale krzywdy żadnej"

1936
Bund odnosi spore sukcesy w wyborach do gmin żydowskich (zwłaszcza w dużych ośrodkach), co jest odzwierciedleniem wzrostu wpływów lewicy na tle wzbierającej fali antysemityzmu i postępującej pauperyzacji Żydów polskich; w Warszawie reakcją władz na wystąpienia przedstawicieli Bundu na forum Rady Gminy będzie jej rozwiązanie i mianowanie Zarządu Komisarycznego, co spotka się z protestami żydowskich ugrupowań politycznych o charakterze narodowym

1936
Prymas Polski kardynał August Hlond wydaje list pasterski potępiający rasizm, lecz równocześnie pomawiający Żydów o prowokowanie nienawiści i wspierający antysemityzm gospodarczy

1936
Przewodzący rewizjonistom Włodzimierz Żabotyński ogłasza plan tzw. ewakuacji, tj. emigracji do Palestyny 750 tys. Żydów polskich w ciągu 10 lat; przyczyni się on do udzielenia przez władze polskie cichego wsparcia rewizjonistom; reprezentanci polskiego obozu rządzącego podejmą z Żabotyńskim i innymi przedstawicielami Nowej Organizacji Syjonistycznej w latach 1936–1939 tajne rozmowy w tej sprawie; władze polskie ze swej strony podejmą też nierealistyczny projekt osiedlenia Żydów polskich na Madagaskarze (wysuwano też projekty ich emigracji do innych krajów)

1936
Pierwszy zjazd przedstawicieli synagog postępowych (określanych często jako Templa)

1936
Ogłoszenie zasad ortografii języka jidisz przez JIWO i CISZO

1936
Zostaje otwarty gmach Biblioteki Judaistycznej w Warszawie, gdzie znajduje też siedzibę Instytut Nauk Judaistycznych

1936
Makabi w Polsce zrzesza przeszło 30 tys. zawodników w ok. 250 klubach

1937
Ministerstwo Skarbu wydaje zarządzenie nakazujące otwieranie punktów sprzedaży wyrobów tytoniowych przez 7 dni w tygodniu, stawiając żydowskich handlowców wobec konieczności łamania religijnego nakazu święcenia soboty

1937
W związku z napadami bojówek nacjonalistycznych na studentów żydowskich minister wyznań religijnych i oświecenia

publicznego zezwala rektorom uczelni na wydawanie zarządzeń porządkowych; przyjmą one formę wydzielania miejsc dla Żydów w salach wykładowych, czyli tzw. getta ławkowego

1937
Rząd polski przekazuje rządowi brytyjskiemu notę dotyczącą jego zainteresowania sprawą emigracji Żydów polskich do Palestyny

15-19 X 1937
Strajk proklamowany przez studentów i kupców żydowskich przeciw zarządzeniom rektorów szkół wyższych o wprowadzeniu „getta ławkowego"

1937
W Polsce ukazuje się 130 czasopism w językach jidisz i hebrajskim

1937
Reżyser Michał Waszyński dokonuje ekranizacji sztuki Szymona An-Skiego *Dybuk* (według scenariusza Andrzeja Marka) uważanej za największy sukces kina żydowskiego w Polsce

1937/8
Dwujęzyczne szkoły powszechne (głównie polsko-hebrajskie) stanowią 50% ogólnej liczby prywatnych szkół żydowskich

III 1938
Sejm przyjmuje projekt ustawy o zakazie uboju rytualnego od 1942 r.; w marcu na wezwanie Rabinatu warszawskiego proklamowano strajk protestacyjny w obronie uboju, polegający na wstrzymaniu się od spożywania mięsa przez 15 dni (zyska on masowe poparcie Żydów polskich); dyskusja nad wspomnianym projektem, planowana na jesień, nie odbędzie się z powodu rozwiązania sejmu

1938

Po aneksji Austrii przez III Rzeszę sejm uchwala ustawę dającą, pod pewnymi warunkami, możliwość pozbawienia obywatelstwa polskiego; miała ona ograniczyć reemigrację Żydów do Polski; 6 X 1938 r. Ministerstwo Spraw Wewnętrznych nakaże przeprowadzić kontrolę paszportów obywateli polskich przebywających za granicą; brak potwierdzającego ją stempla miał uniemożliwiać przekroczenie granicy po 29 X 1938 r. (por. 28–29 X 1938 r.)

V 1938

Obóz Zjednoczenia Narodowego, prorządowa organizacja utworzona w 1937 r., ogłasza deklarację, w której Żydów uznano za czynnik osłabiający „rozwój polskich sił narodowych i państwowych"; pojawiające się w niej akcenty antysemickie uniemożliwią poparcie OZN przez Agudę, uprzednio, w latach 1928–1935, lojalnie współdziałającą z Bezpartyjnym Blokiem Współpracy z Rządem

V 1938

Sejm uchwala ustawę o adwokaturze, której przepisy miały utrudnić żydowskim prawnikom dostęp do tego zawodu

1938

Studenci Uniwersytetu Stefana Batorego w Wilnie przyjęli rezolucję domagającą się wprowadzenia na uczelni *numerus nullus* (całkowitego niedopuszczania) dla Żydów

28-29 X 1938

Władze hitlerowskie deportują do Polski ok. 17 tys. Żydów-obywateli polskich; ok. 6 tys. z nich zatrzymano w obozie przejściowym w Zbąszyniu; wkrótce jednak zacznie on sukcesywnie pustoszeć i w sierpniu 1939 r. zostanie zlikwidowany

7 XI 1938

W Paryżu Herszel Grynszpan, młody Żyd z Polski, dokonuje zamachu na attaché ambasady niemieckiej Ernesta von Ratha; zamachowiec pragnął zwrócić uwagę opinii światowej na tragiczny los Żydów polskich wydalanych z Niemiec; śmierć Ratha (9 XI 1938 r.) posłuży władzom hitlerowskim jako pretekst do prześladowań i pogromów antyżydowskich w nocy z 9 na 10 XI, które przejdą do historii jako Noc Kryształowa (Kristallnacht)

1938

Powstaje Żydowski Komitet do Spraw Kolonizacji, pod kierownictwem prof. Mojżesza Schorra; organizacja ta miała, opierając się na zgromadzonych przez Żydów środkach, umożliwić emigrację także do krajów innych niż Palestyna

I 1939

Polska zawiera umowę z Niemcami, dzięki której odzyskano niewielką cząstkę mienia wysiedlonych z Niemiec Żydów polskich oraz przyjęto dalszych kilkanaście tysięcy wypędzonych

1939

Sejm ponownie przyjmuje projekt ustawy o zakazie uboju rytualnego od 1942 r., jednak senat nie zdąży go już omówić

V 1939

Rząd polski udziela subwencji Nowej Organizacji Syjonistycznej w wysokości 250 tys. zł (wypłaconych na ręce jej przywódcy Włodzimierza Żabotyńskiego); część tej sumy miała być przeznaczona na nielegalną emigrację

1939

Pod wpływem zagrożenia wojną od wiosny tego roku słabnie napięcie w stosunkach polsko-żydowskich; Żydzi biorą udział w zbiórkach na dozbrojenie armii, propagowanych m.in. przez Związek Rabinów RP

4. II WOJNA ŚWIATOWA (1939-1945)

Obraz dziejów Żydów w Europie w czasie II wojny światowej, a przede wszystkim w Polsce, zdominowany jest w świadomości zbiorowej przez wizję ich Zagłady. W istocie, w tym wypadku mamy do czynienia z jedynym w swoim rodzaju fenomenem w dziejach ludzkości. Przez sam fakt swej wyjątkowości stanowi on bardzo istotne dla współczesnego człowieka doświadczenie historyczne. Oto bowiem hitlerowcy metodycznie zrealizowali plan wymordowania całego narodu. Tego rodzaju zbrodnia nie ma precedensu w dziejach ludzkości. Można w niej widzieć tylko niezrozumiałe okrucieństwo. Jest ona także najdobitniejszym przykładem tego, do czego zdolne są systemy totalitarne, zmierzające do przekształcenia rzeczywistości wedle swych wizji. Trzeba jednak podkreślić, że ograniczenie obrazu dziejów Żydów polskich w okresie II wojny światowej do prezentacji losów społeczności i konkretnych ludzi ginących w gettach i obozach zagłady nie oddaje całej prawdy o „czasach pogardy".

W Polsce szczególnie istotne znaczenie ma problem stosunków polsko-żydowskich w czasie Zagłady (Holocaustu; Szoa[h]). Sprawa ta jest obarczona bardzo silnymi emocjami, które nie służą rzeczowej ocenie faktów. Z pewnością nie można się tu pokusić o jakieś „rozliczenie win", gdyż okrucieństwo rzeczywistości okupacyjnej (kara śmierci za ukrywanie i pomoc Żydom) stawia wszystkich próbujących go dokonać w sytuacji dwuznacznej. Jest bowiem faktem, że żadne społeczeństwo nie składa się z samych bohaterów i heroiczne postawy zawsze są udziałem mniejszości. Niemniej należy stwierdzić, że większość społeczeństwa polskiego zachowywała się wobec tragedii Żydów obojętnie. Przynajmniej część tej „milczącej większości" może być do pewnego stopnia obarczona grzechem zaniechania. Demoralizujący wpływ na nią miały m.in.: sama rzeczywistość okupacyjna, w której waga cierpienia i życia ludzkiego uległy zachwianiu; propaganda antyżydowska okupanta oraz nasilenie się w okresie poprzedzającym wojnę nastrojów antysemickich w Polsce. Na jednym biegunie od postawy obojętności leżały zachowania zbrodnicze, a przede wszystkim zjawisko tzw. szmalcownictwa, tj. szantażowania i wydawania Niemcom ukrywających się Żydów, na drugim zaś umieścić trzeba zachowania bohaterskie — niesienia pomocy zagrożonym Zagładą. Postawy prowadzące dziś do samouspokojenia zbiorowego sumienia narodowego są przede wszystkim bezpłodne moralnie. Wbrew nim w czasie wizyty w Izraelu w maju 1991 r. prezydent Rzeczypospolitej Polskiej Lech Wałęsa złożył uroczyste przeprosiny za zło, które spotkało Żydów na ziemiach polskich.

Uproszczenie wizji Zagłady prowadzi często do zafałszowania obrazu dziejów Żydów w Polsce w czasie okupacji hitlerowskiej. Prezentowanie ich jako bezimiennego tłumu „idącego jak barany na rzeź" zostało po raz pierwszy użyte przez przedstawicieli żydowskiego ruchu oporu w getcie wileńskim jako hasło zagrzewające do walki. Podjęcie jej w ekstremalnych warunkach gett i obozów było niemal niemożliwe ze względu na druzgocącą przewagę oprawców, stosujących w dodatku zasadę odpowiedzialności zbiorowej, brak broni i paraliżujące wolę oporu skrajne wygłodzenie. Ofiary do końca nie zdawały sobie często sprawy, że wszyscy mają być zamordowani. Było to przecież także nieracjonalne z punktu widzenia Niemców, tracących w ten sposób darmową siłę roboczą oraz angażujących znaczne środki w organizację gigantycznej akcji masowej zbrodni. Podjęcie walki zbrojnej dla wielu Żydów było również niemożliwe ze względów religijnych. Z moralnego punktu widzenia śmierć z bronią w ręku nie jest zresztą wcale czymś lepszym niż spokojne i godne przyjęcie swego losu przez bezbronne ofiary. Równocześnie należy sobie zdać sprawę z tego, że walkę mimo wszystko podejmowano, i to nie tylko w wielkich gettach, ale nawet w obozach zagłady. Poza tym dążenie do zachowania życia oraz wszelkie formy oporu cywilnego — od organizowania życia religijnego aż po tworzenie bujnego życia kulturalnego — były formami heroicznej walki z oprawcami.

Okupacja sowiecka postawiła przed społecznością żydowską odmienne wyzwania. Ocena postawy zajętej wówczas przez Żydów polskich zaciążyła w znacznym stopniu także na powojennych stosunkach polsko-żydowskich. W powszechnym przekonaniu, będącym pochodną fałszywego mitu żydokomuny, Żydzi na ziemiach wschodnich powitali z radością upadek Polski. W istocie wielu z nich widziało we wkroczeniu Armii Czerwonej ratunek przed hitlerowcami. Grupy komunistów i lewicującej młodzieży mogły cieszyć się z tego, że znalazły się pod panowaniem sowieckim. Jednak zdecydowana większość Żydów polskich nie mogła się po tym okupancie spodziewać niczego dobrego. Wkrótce też z bujnie rozwijającego się na Kresach życia żydowskiego pozostały nikłe szczątki. Aresztowania, wywózki i inne prześladowania spadały w równym stopniu na Żydów i Polaków — jedni i drudzy znajdowali się wśród ofiar Katynia oraz innych miejsc kaźni obywateli polskich „na nieludzkiej ziemi". Poza tym reżim stalinowski prowadził bardzo zręczną politykę wygrywania animozji narodowościowych.

Żydzi polscy znaleźli się więc między dwoma najbardziej morderczymi totalitaryzmami XX w. Niemcy dążyli do fizycznej zagłady całego narodu, Rosjanie zaś do zgniecenia wszelkiego, potencjalnego nawet, oporu i wtopienia Żydów w system stalinowski.

IX 1939
Udział Żydów w kampanii wrześniowej; stanowią oni przeszło 10% żołnierzy Wojska Polskiego zabitych i rannych w toku działań wojennych; 61 tys. Żydów dostaje się do niewoli niemieckiej, a 20 tys. — do sowieckiej

IX 1939
Niemcy po opanowaniu kraju wprowadzają pierwsze zarządzenia antyżydowskie

IX 1939
Historyk Emanuel Ringelblum (1900–1944) rozpoczyna prowadzenie swych dokumentalnych zapisków, wydanych po wojnie jako *Kronika getta warszawskiego*

21 IX 1939
Szef Głównego Urzędu Bezpieczeństwa Rzeszy Reinhard Heydrich, w którego kompetencjach leżą sprawy żydowskie, wydaje instrukcję dla dowódców specjalnych grup operacyjnych policji bezpieczeństwa (Einsatzgruppen) dotyczącą polityki wobec Żydów: mają oni zostać skoncentrowani w większych ośrodkach miejskich, odpowiedzialność za wykonywanie zarządzeń ma spadać na żydowskie rady starszych, powoływane przez wspomnianych dowódców z grona miejscowych działaczy i rabinów

22 IX 1939
W Rzeszowie Niemcy rozpoczynają masową akcję deportacji Żydów za San, związaną z planem utworzenia dla nich przejściowego „rezerwatu" koło Niska, potem stałego na Lubelszczyźnie (w marcu 1940 r. Niemcy odstąpią od realizacji tego projektu); w połowie 1940 r. hitlerowcy podejmą plan wysiedlenia Żydów na Madagaskar, storpedowany m.in. brakiem zgody kolaboracyjnych władz francuskich

X 1939

Na ziemiach wcielonych do Rzeszy znajduje się ok. 600 tys. Żydów polskich; w Generalnym Gubernatorstwie (GG) — ok. 1,5 mln; pod okupacją sowiecką — ok. 1,2 mln

26 X 1939

Generalny gubernator Hans Frank wydaje zarządzenie o przymusie pracy dla Żydów; w latach 1940–1941 powstanie połowa przeznaczonych dla nich obozów pracy, resztę zorganizowano w latach 1942–1943, w okresie likwidacji gett

X 1939

W Piotrkowie Trybunalskim powstaje pierwsze na ziemiach polskich getto żydowskie; następnie utworzone zostaną inne, a wśród nich: 16 XI 1939 r. w Warszawie; w IV 1940 r. w Łodzi; w III 1941 r. w Krakowie; jesienią 1942 r. getta na Śląsku (Andrychów, Sosnowiec); całkowitą izolację getta zdołają Niemcy uzyskać tylko w Łodzi; okres tworzenia i istnienia gett określany jest jako etap eksterminacji pośredniej; w gettach zginęło lub zmarło z głodu i chorób ok. 750 tys. Żydów polskich (w tym 250 tys. w okresie ich likwidacji) — tj. ok. 25% całej populacji

X 1939

W Warszawie niemieckie władze okupacyjne powołują Radę Żydowską (Judenrat); jej prezesem zostaje Adam Czerniaków (1880–1942); 28 XI 1939 r. generalny gubernator Frank wyda zarządzenie regulujące tworzenie Judenratów; stanowić one miały instrument działania administracji hitlerowskiej w dzielnicach żydowskich; Judenraty niejednokrotnie stawały się namiastką samorządu żydowskiego; najczęściej w przededniu utworzenia getta na polecenie gestapo organizowano Żydowską Służbę Porządkową, popularnie zwaną policją gettową; udział Judenratów w realizacji eksterminacji Żydów jest sprawą dyskusyjną; bardziej jednoznacznie negatywne oceny formułowane są wobec policji gettowej

X 1939
Do końca tego miesiąca władze radzieckie pozostawiają otwartą swą granicę zachodnią; do ZSRR uchodzi wówczas wielu Żydów; do końca 1939 r. ten „ruch graniczny" będzie możliwy tylko w niewielkiej skali; ogółem objął on ok. 300 tys. osób; później granica zostanie zamknięta; mniejsze rozmiary miało zjawisko ucieczki z obszaru okupacji sowieckiej

31 X 1939
Niemcy ogłaszają rozporządzenie o zwalczaniu aktów gwałtu, na mocy którego powołano sądy doraźne, uprawnione do skazywania na śmierć za niepodporządkowanie się zarządzeniom władz okupacyjnych; istotnie będą one orzekać tę karę niejednokrotnie z powodu bardzo błahych oskarżeń

XI 1939
Początek akcji przesiedlania części obywateli polskich z ziem wcielonych do Rzeszy do GG; trwać ona będzie do początków 1941 r.; w jej ramach zostanie przesiedlonych m.in. ok. 90 tys. Żydów

23 XI 1939
Generalny gubernator Hans Frank wydaje zarządzenie o obowiązku noszenia przez Żydów na ręku opaski z gwiazdą Dawida (w niektórych ośrodkach przejściowo obowiązywać ich miały inne znaki wyróżniające)

11 XII 1939
Ogłaszając przepisy wykonawcze do zarządzenia o przymusie pracy dla Żydów okupacyjne władze policyjne wydają zakaz zmiany przez nich miejsca pobytu w GG (uzupełniony 15 X 1941 r.)

XII 1939
W Warszawie powstaje konspiracyjna organizacja „Świt" założona przez grupę Żydów podoficerów i oficerów WP, przeważnie

ze środowisk syjonistów rewizjonistów; w 1942 r. zostanie ona przekształcona w Żydowski Związek Walki, a następnie w Żydowski Związek Wojskowy (ŻZW), który w 1943 r. liczyć będzie ok. 400 członków; organizacje te nawiążą kontakty z polskim podziemiem, przede wszystkim z Polską Akcją Niepodległościową oraz Organizacją Wojskową Korpus Bezpieczeństwa; będą stosunkowo dobrze zaopatrzone w broń

1939/40
Na przełomie tych lat możliwości ucieczki z ziem zajętych przez Niemców w innych kierunkach niż na wschód są niewielkie, a od 1941 r. będzie ona niemal całkowicie niemożliwa; emigracja Żydów z ziem wschodnich ożywi się w lecie 1940 r. po zajęciu Litwy przez ZSRR

1939-1940
Do Armii Polskiej tworzonej we Francji wstępuje blisko 14 tys. Żydów (ok. 18% jej stanu), w tym osoby pozbawione obywatelstwa na mocy ustawy z 1938 r. (rząd emigracyjny ją anulował)

26 I 1940
Generalny gubernator Frank wydaje zakaz korzystania przez Żydów z kolei

25 I 1940
SS-Reichsführer Heinrich Himmler wydaje decyzję o budowie w Oświęcimiu obozu koncentracyjnego

II 1940
Zaczynają się masowe wywózki obywateli polskich z ziem zajętych przez ZSRR w głąb tego kraju; dalsze deportacje nastąpią w kwietniu i czerwcu tegoż roku oraz w marcu następnego; ok. 20% (wedle innych szacunków nawet 30%) wywiezionych stanowili Żydzi (ok. 250 tys.)

II 1940

Powstaje getto łódzkie, drugie co do wielkości w Polsce; w kwietniu zostanie ono zamknięte; zarządzać nim będzie szef tutejszego Judenratu Mordechaj Rumkowski (1877–1944); w getcie tym znajdą się także Żydzi z Niemiec, Austrii i Czechosłowacji; w latach 1941–1942 ok. 70 tys. mieszkańców tego getta, zaklasyfikowanych jako niezdolni do pracy, zostanie zamordowanych w obozie zagłady w Chełmnie nad Nerem.

II 1940

Powstaje raport Jana Karskiego — kuriera przybyłego z Polski — o sytuacji Żydów pod okupacją niemiecką, przekazany rządowi na wychodźstwie we Francji

III 1940

W Warszawie dochodzi do wystąpień antyżydowskich inspirowanych przez okupantów; w biciu Żydów udział biorą głównie ludzie z marginesu społecznego

IV 1940

Rozpoczęto prace przy budowie murów wokół Seuchensperrgebietu (zamknięty obszar objęty epidemią, tj. żydowska dzielnica zamknięta) w Warszawie; w połowie tego miesiąca zostaje zamknięte getto warszawskie; szef Dystryktu Warszawskiego Ludwig Fischer 2 X 1940 r. wyda oficjalny rozkaz o jego utworzeniu

IV 1940

Okupant zarządza wykluczenie Żydów z adwokatury; warszawska Rada Adwokacka protestuje przeciw temu; jej członkowie zostają aresztowani; 3 miesiące później sytuacja się powtórzy

III–V 1940

NKWD dokonuje mordu na oficerach polskich, jeńcach sowieckich, w lesie katyńskim (wśród ofiar znajdował się m.in. naczelny rabin Wojska Polskiego major Baruch Steinberg [1897–1940]); ogółem rozstrzelano 21857 polskich oficerów internowanych w trzech obozach w ZSRR, w tym ok. 700 Żydów

V 1940
Emanuel Ringelblum zaczyna skupiać wokół siebie grupę współpracowników w celu dokumentowania wydarzeń w getcie warszawskim i dziejów Żydów w okupowanej Polsce; w X–XI 1940 r. z tej grupy wyłoni się konspiracyjna organizacja „Oneg Szabat" (Radość Soboty), dzięki której powstanie podziemne Archiwum Getta, zwane też Archiwum Ringelbluma; po 1941 r. podobna do „Oneg Szabat" organizacja zostanie utworzona w getcie białostockim

V 1940
Powstaje Żydowska Samopomoc Społeczna — jawna organizacja opiekuńcza w GG, której podporządkowują się żydowskie organizacje społeczne i charytatywne; w Warszawie jej podstawową strukturą będą Komitety Domowe

1940
Latem tego roku władze okupacyjne wyrażają zgodę na otwarcie w gettach szkół powszechnych i kursów zawodowych; jednak np. w Krakowie nie powstanie w ogóle szkolnictwo jawne, w Warszawie zaś uzyskano zgodę na jego tworzenie dopiero latem 1941 r.

1940
Latem tego roku w getcie łódzkim grupy komunistyczne, nie odgrywające do tej pory większej roli w dzielnicach zamkniętych, przyczyniają się do stworzenia jednej z głównych sił opozycyjnych pn. Organizacja Antyfaszystowska — Lewica Związkowa

V 1940–XII 1942
W getcie warszawskim ukazuje się 51 tytułów prasy konspiracyjnej (większość w języku jidysz bądź polskim); także w innych gettach ukazywały się podziemne gazetki

VIII 1940
Wódz naczelny gen. Władysław Sikorski w związku z przypadkami dyskryminowania żołnierzy-Żydów w Armii Polskiej stacjonującej w Szkocji wydaje rozkaz zapowiadający surowe kary za poniżanie ich godności

XII 1940
Powstanie jawnego teatru w getcie warszawskim; do VII 1941 r. utworzone zostaną tu jeszcze 4 dalsze jawne sceny, grające w językach jidisz i polskim; półzawodowe teatry istniały też w gettach w Łodzi, Krakowie i Wilnie

15 XII 1940
Przedstawiciele Bundu i PPS w USA wydają deklarację o wspólnej walce „za wolność waszą i naszą"; inne żydowskie ośrodki opiniotwórcze na Zachodzie występowały z licznymi zarzutami w stosunku do rządu emigracyjnego; opieszałość w ich rozpatrywaniu powodowała napięcia w stosunkach polsko-żydowskich

1940
Cadyk Josef Izaak Szneersohn, z dynastii Lubawiczer (por. lata 1798, 1813 i 1934), przybywa do Nowego Jorku; w okresie powojennym jego zwolennicy staną się najbardziej wpływową grupą wśród chasydów w USA

I 1941-VII 1944
Pracownicy Departamentu Archiwów Judenratu łódzkiego opracowują i wydają powielaną *Kronikę Getta*

IV-V 1941
Władze niemieckie liberalizują politykę m.in. wobec getta warszawskiego w celu pełniejszej eksploatacji ekonomicznej jego mieszkańców; powstają tzw. szopy (zakłady-manufaktury produkujące dla Niemców); równocześnie zostają zniesione niektóre ograniczenia dotyczące oświaty, kultury i życia religijnego

IV 1941

Władze niemieckie wprowadzają nakaz odpoczynku niedzielnego w getcie warszawskim

22 VI 1941

Wybucha wojna niemiecko-sowiecka, a wraz z nią hitlerowcy przechodzą do eksterminacji bezpośredniej Żydów w Polsce, dokonując masowych egzekucji na Kresach wschodnich wkrótce po wejściu wojsk niemieckich (do XII 1941 r. zginie w nich ok. 500 tys. osób); getto białostockie utworzono 1 VIII 1941 r., a jedno z gett wileńskich zlikwidowano pod koniec 1941 r.

23 VI 1941

Naczelny wódz i premier rządu emigracyjnego generał Władysław Sikorski wydaje instrukcję dla Kraju, w której przestrzega przed uleganiem podżeganiom niemieckim do wystąpień przeciw Żydom na terenach byłej okupacji sowieckiej; mimo to w Dystrykcie Galicja wybuchają pogromy Żydów dokonywane głównie przez nacjonalistów ukraińskich; między 30 VI a 3 VII 1941 r. dochodzi do pogromu Żydów we Lwowie (4 tys. zabitych), w którym obok Ukraińców i Niemców biorą też udział Polacy

14 VII 1941

Zaczyna ukazywać się „Gazeta Żydowska", oficjalny organ prasowy wydawany przez Niemców dla Żydów (będzie ukazywać się do 28 VII 1942 r.); większość żydowskich dziennikarzy będzie go bojkotować

30 VII 1941

Nawiązanie stosunków dyplomatycznych między rządem RP na emigracji i ZSRR; przywrócenie prawa do obywatelstwa polskiego (wszystkich, którzy się znajdowali na terenach zajętych przez ZSRR, jesienią 1939 r. uznano za obywateli radzieckich); 1 XII 1941 r. władze ZSRR notą skierowaną do ambasady RP odmówią tego prawa mniejszościom narodowym

31 VII 1941

Marszałek Rzeszy Herman Göring nakazuje Heydrichowi opracowanie planu „ostatecznego rozwiązania kwestii żydowskiej" (Endlösung) przez ewakuację Żydów z okupowanych terenów w Europie

14 VIII 1941

Umowa wojskowa między rządem RP na emigracji i ZSRR tworzy podstawy do sformowania Armii Polskiej w ZSRR; w okresie jej tworzenia powstają silne napięcia w stosunkach polsko-żydowskich z powodu dyskryminowania Żydów przy naborze do niej (w efekcie zarówno antysemickich poglądów części oficerów — wbrew intencjom dowództwa — jak i sowieckiej polityki zmierzającej do podsycania animozji narodowościowych); wśród ewakuowanych z ZSRR w 1942 r. Żydzi stanowić będą ok. 6%; w 1943 r. w czasie stacjonowania II Korpusu w Palestynie ok. 3 tys. żołnierzy żydowskich porzuci służbę w WP (zasilą oni szeregi organizacji podziemnych walczących o utworzenie państwa żydowskiego); polskie władze wojskowe nie będą ich ścigać; pozostali (ok. 850) będą walczyli w kampanii włoskiej w 1944 r.

14 VIII 1941

W „bunkrze głodowym" w obozie oświęcimskim umiera ojciec Maksymilian Kolbe (kanonizowany w 1982 r.); gestapo aresztowało go za udzielanie w klasztorze franciszkańskim w Niepokalanowie pomocy ok. 3 tys. osób wysiedlonych z Poznańskiego (wśród nich 1/3 stanowili Żydzi — por. I 1922 r. oraz XI 1939 r.)

IX 1941

Do Warszawy docierają pierwsze informacje o masowych egzekucjach w Ponarach (w pierwszej połowie lipca Niemcy rozstrzelali tam 5 tys. Żydów z Wilna — por. 22 VI 1941 r.)

IX 1941
W obozie oświęcimskim Niemcy przeprowadzają pierwsze próby z gazem cyklon-B; komendant tego obozu Rudolf Hoess na przełomie sierpnia i września był wzywany do Berlina, gdzie zlecono mu podjęcie przygotowań do masowej eksterminacji Żydów

1941
Jesienią tego roku powstają największe obozy pracy dla Żydów, rozbudowane w 1942 r. — w Poniatowej i Janowski we Lwowie; potem także w Skarżysku-Kamiennej, Częstochowie, Trawnikach i in.

1 X 1941
Początek pierwszego i ostatniego zarazem roku szkolnego w 6 jawnych szkołach podstawowych w getcie warszawskim; od początku okupacji działało tu tajne szkolnictwo średnie, potem także podstawowe i wyższe

15 X 1941
W Generalnym Gubernatorstwie Niemcy wprowadzają karę śmierci dla Żydów opuszczających samowolnie getta oraz Polaków udzielających im schronienia i pomocy; znanych jest ok. 900 Polaków z przeszło 280 miejscowości, zamordowanych za pomoc Żydom (dane te są niepełne)

XI 1941
Niemcy wyznaczają teren getta we Lwowie; ostatecznie zamkną je we wrześniu 1942 r.

1941
Późną jesienią tego roku rząd emigracyjny zaczyna otrzymywać raporty Polskiego Państwa Podziemnego dotyczące sytuacji Żydów polskich, głównie masowych mordów na Kresach wschodnich

XII 1941
W obozie zagłady w Chełmnie n. Nerem Niemcy zaczynają wykorzystywać urządzenia, w których ofiary duszone są za pomocą spalin z silników dieslowskich

XII 1941
W ZSRR zostają straceni przywódcy Bundu Henryk Erlich i Wiktor Alter (okoliczności i data ich śmierci nie są jeszcze ostatecznie ustalone); wieść o tym wpłynie na stosunek Bundu do ZSRR

1942
Powstanie obozów zagłady — główny etap eksterminacji Żydów polskich; w 1943 r. i do połowy 1944 r. w obozach na terenie Polski byli mordowani Żydzi z zachodu i południa Europy

1942
Na początku tego roku Niemcy przeprowadzają akcję przesiedlenia Żydów z mniejszych ośrodków do większych; zmiany te mają ułatwić późniejsze deportacje

1942
W getcie warszawskim grupa lekarzy prowadzi badania nad chorobą głodową; ich wyniki zostaną przekazane poza getto, dzięki czemu będą mogły zostać opublikowane w 1946 r.

20 I 1942
Na konferencji w Wannsee (dzielnica Berlina) zostaje przyjęty plan Endlösung der Judenfrage (ostatecznego rozwiązania kwestii żydowskiej, czyli Zagłady Żydów w Europie); pierwszy obóz zagłady powstanie w Chełmnie n. Nerem (działać będzie od 7 XII); wiosną 1942 r. ukończono budowę dwóch dalszych — w Bełżcu (w marcu zaczęto tu m.in. deportować Żydów lubelskich) i Sobiborze; w lipcu zacznie działać obóz w Treblince

I 1942

W Wilnie, po egzekucjach w Ponarach, powstaje Farajnigte Partizaner Organizacje (Zjednoczona Organizacja Partyzantów), jednocząca syjonistów, bundowców i komunistów, której zadaniem będzie tworzenie zbrojnego ruchu oporu; jej emisariusze będą docierać do Białegostoku i Warszawy

II 1942

Zbiegły z Chełmna n. Nerem więzień „Szlamek" dociera do warszawskiego getta z pierwszymi informacjami o obozie zagłady

III 1942

Pierwsze transporty Żydów przybywają do obozu zagłady Auschwitz II − Birkenau (Oświęcim II − Brzezinka) − położonego w pobliżu obozu koncentracyjnego Auschwitz I, istniejącego od 1940 r.; był to największy obóz zagłady, wyposażony w 4 krematoria połączone z komorami gazowymi; liczba ofiar Oświęcimia nie jest ściśle ustalona − zamordowano tu ok. 1 mln Żydów, 75 tys. Polaków, 21 tys. Cyganów, 15 tys. Rosjan i 15 tys. więźniów innych narodowości

III 1942

Do polskiej Rady Narodowej (parlamentu emigracyjnego) zostaje dokooptowany drugi reprezentant Żydów polskich; obok syjonisty Ignacego Schwarzbarta (ur. 1888) wchodzi do niej bundowiec Szmul Zygielbojm (1895–1943)

III 1942

Delegacja rabinów lwowskich podejmuje próbę skłonienia miejscowego Judenratu do porzucenia kolaboracji z Niemcami; byli oni wyrazicielami postawy większości Żydów lwowskich; odmienne nastroje panowały np. w gettach w Białymstoku i Wilnie

III/IV 1942

W getcie warszawskim powstaje Blok Antyfaszystowski — pierwsze porozumienie organizacji podziemnych getta (syjoniści i komuniści); przestanie on istnieć w V–VI 1942 r. z powodu nieotrzymania broni od PPR i aresztowania części członków (komunistów)

III/IV 1942

Biuro Informacji i Propagandy Komendy Głównej Armii Krajowej (BIP) przygotowuje i przesyła na Zachód raporty informujące o Zagładzie

1942

Od wiosny tego roku w lasach na wschodzie, w okręgu lubelskim i wschodniej Galicji, zaczynają powstawać tzw. obozy rodzinne, powiązane z ruchem partyzanckim; znajdowały w nich schronienie zbiegłe z gett grupy dzieci i kobiet

11 V 1942

Powstaje raport Bundu o sytuacji Żydów polskich, przekazany władzom londyńskim, które będą się starały nadać mu jak największy rozgłos

1942

W połowie tego roku powstaje główna organizacja zbrojna w getcie krakowskim — He-Chaluc ha-Lochem, związana z ruchem chalucowym; 22 XII 1942 r. wykona ona swą największą akcję — zamach na kawiarnię „Cyganeria"; zostanie rozbita następującymi po niej aresztowaniami

1942

Latem tego roku w obozie zagłady w Chełmnie n. Nerem zaczęto palić zwłoki ofiar na stosach oraz w dwóch prowizorycznych krematoriach

VII 1942
Ucieczka Żydów z getta w Klecku; masowe ucieczki z gett najczęściej kończyły się schwytaniem i zamordowaniem większości zbiegów

1942
Latem tego roku powstaje w getcie białostockim pierwsza podziemna organizacja ponadpartyjna Blok A; pod koniec roku, dzięki kontynuowaniu akcji scaleniowej, powstanie Blok B

VII 1942
Rada Narodowa w Londynie występuje z apelem do aliantów o ukrócenie zbrodni hitlerowskich, wskazując, że Niemcy chcą prawdopodobnie wymordować wszystkich Żydów w Europie, oraz podając nazwy obozów zagłady w Sobiborze i Bełżcu

22 VII-12 IX i 21 IX 1942
W getcie warszawskim Niemcy przeprowadzają pierwszą akcję likwidacyjną; wywożą wówczas ok. 300 tys. osób do obozu zagłady w Treblince; drugiego dnia akcji prezes Judenratu Adam Czerniaków popełnia samobójstwo; 5 VIII 1942 r. w ostatnią drogę wyrusza Janusz Korczak wraz z wychowankami i personelem kierowanego przez siebie domu dziecka

28 VII 1942
Powstaje zalążek Żydowskiej Organizacji Bojowej (ŻOB); na przełomie września i października nawiąże ona kontakt z Referatem Spraw Żydowskich BIP

25 VIII 1942
ŻOB dokonuje zamachu, w którego efekcie zostaje ranny były szef żydowskiej Służby Porządkowej w Warszawie Józef Szeryński (Szenkman); jego następca na tym stanowisku Jakub Lejkin zginie z wyroku ŻOB w październiku 1942 r.; ŻOB dokona także zamachów na znanych z okrucieństwa członków straży fabrycznej — werkschutzów, i członka Judenratu Izraela Fürsta

VIII-X 1942
Okres największego nasilenia deportacji do obozów zagłady z gett w Polsce; w listopadzie 1942 r. — w okręgu białostockim; do końca 1942 r. liczba gett zmniejszy się z 650 do 60; dalsze zlikwidowano w 1943 r.

IX 1942
Powstaje Tymczasowy Komitet Pomocy Żydom przy Delegaturze Rządu na Kraj, przekształcony w grudniu 1942 r. w Konspiracyjną Radę Pomocy Żydom (Żegota); poza Warszawą Rada działać będzie także we Lwowie (do końca 1943 r.) i Krakowie oraz wykorzystywać inne kanały konspiracyjne

IX 1942
Judenrat w Tarnopolu odmawia wzięcia udziału w przygotowaniu deportacji miejscowych Żydów

25 IX 1942
Przewodniczący Judenratu w Kałuszynie Abraham Gamz zostaje zamordowany przez Niemców za odmowę sporządzenia listy przeznaczonych do deportacji; nie jest to odosobniony przykład tego rodzaju zachowań przedstawicieli Judenratów

X 1942
W getcie warszawskim utworzono Żydowski Komitet Narodowy (ŻKN); włączono doń podziemne archiwum getta jako Komisję Archiwalną

20 X 1942
W getcie warszawskim z połączenia ŻKN i Bundu powstaje Żydowska Komisja Koordynacyjna

XI 1942
Podziemne archiwum getta opracowuje raport *Likwidacja żydowskiej Warszawy*, który przez organy Polskiego Państwa Podziemnego zostanie przesłany do Londynu

XI 1942
Do Palestyny przybywa grupa Żydów polskich wymienionych na internowanych obywateli niemieckich; ich relacje wymuszają aktywniejszą niż dotąd postawę środowisk żydowskich w USA

25 XI 1942
Rząd polski przekazuje władzom brytyjskim i amerykańskim raport przywieziony i opracowany przez kuriera Jana Karskiego (m.in. był w getcie warszawskim); mimo zabiegów władz polskich i Karskiego (rozmawiał m.in. z prezydentem USA Rooseveltem) alianci zachodni konsekwentnie prowadzić będą politykę wyciszania wieści o Zagładzie Żydów, gdyż przemawiać za tym miały różne względy polityczne i propagandowe

1942
Jesienią tego roku Niemcy uruchamiają 7 komór gazowych w istniejącym od 1941 r. obozie koncentracyjnym na Majdanku; w 1943 r. stanie się on głównym ośrodkiem akcji „Erntefest" (Dożynki) — jednego z ostatnich etapów Zagłady Żydów polskich

1942
Jesienią tego roku powstaje obóz pracy w Płaszowie na przedmieściu Krakowa (podzielony na część polską i żydowską); na początku 1944 r. przekształcono go w obóz koncentracyjny

XI 1942
ŻKN i ŻOB deklarują chęć podporządkowania się władzom Polskiego Państwa Podziemnego; m.in. w efekcie tego kroku warszawska ŻOB otrzymuje od AK pomoc w uzbrojeniu (początkowo znikomą); mimo podjętych starań żydowskie podziemie w Białymstoku i Wilnie podobnego wsparcia nie otrzyma

XI 1942
Żydzi przemyscy w czasie deportacji odmawiają wejścia do wagonów; ich opór zostanie złamany; zostaną wysłani do obozu zagłady w Bełżcu

2 XII 1942
Zostaje uchwalony statut ŻOB, do której wchodzi także Bund

17 XII 1942
W efekcie nacisków emigracyjnego rządu polskiego i organizacji żydowskich oraz raportu Karskiego państwa sprzymierzone wydają deklarację potępiającą zbrodnie niemieckie oraz zapowiadają ukaranie winnych

1942
Zimą tego roku, po likwidacji getta w Kownie, oddział złożony z tamtejszych Żydów podejmuje działania partyzanckie; będzie on prowadzić walkę do 1944 r.

1943
Powstaje referat żydowski w Delegaturze Rządu na Kraj; będzie on pośredniczyć w kontaktach Bundu i ŻKN z władzami cywilnymi Polski Podziemnej oraz działaczami żydowskimi na Zachodzie

I 1943
Rada Narodowa i emigracyjny rząd polski domagają się od Brytyjczyków odwetowych bombardowań, które mogłyby doprowadzić do powstrzymania niemieckich zbrodni; postulat ten zostanie przez sprzymierzonych odrzucony

4 I 1943
ŻOB stawia zbrojny opór w czasie jednej z ostatnich akcji deportacyjnych z getta w Częstochowie; kolejną tego typu akcję Żydzi częstochowscy podejmą 26 VI 1943 r.

10 I 1943
Bunt w obozie pracy w Mińsku Mazowieckim

18-22 I 1943

Druga akcja likwidacyjna w getcie warszawskim i pierwsza zbrojna samoobrona podjęta przez ŻOB; ŻZW nie bierze udziału w tych walkach; wyrazem uznania dla postawy ŻOB będzie tym razem efektywniejsza, choć daleka od zaspokojenia potrzeb, pomoc w uzbrojeniu ze strony AK

16 II 1943

Heinrich Himmler wydaje rozkaz zniszczenia warszawskiego getta

II 1943

W getcie białostockim w czasie pierwszej akcji deportacyjnej bojowcy Bloku A podejmują próbę obrony i wyprowadzania ludzi z getta do okolicznych lasów; organizacje zbrojne tego getta zjednoczą się w lipcu 1943 r.

III 1943

W Warszawie ŻOB organizuje bojkot wyjazdu robotników szopów do obozów pracy w Trawnikach i Poniatowej

III 1943

Działające przy Delegaturze Rządu na Kraj Kierownictwo Walki Cywilnej wydaje komunikat zapowiadający karanie osób szantażujących Żydów (tzw. szmalcowników); pierwszy wyrok za wydanie Niemcom Żydów polskie podziemie wykona w sierpniu 1943 r.

19 IV 1943

W getcie warszawskim wybucha powstanie: 20 IV — m.in. bitwa na terenie szopu szczotkarzy; 20–27 IV — walki uliczne; 27 IV — ŻZW stacza bitwę na pl. Muranowskim; 27 IV–8 V — obrona bunkrów; 8 V — oblężenie bunkra Komendy ŻOB przy ul. Miłej, zakończone samobójstwem bojowców, a wśród nich dowódcy powstania Mordechaja Anielewicza (ur. 1919); 16 V — gen. Jurgen Stroop ogłasza swe zwycięstwo, „uświetniając" je wysadzeniem Wielkiej Synagogi na Tłomackiem; sporadyczne walki w gruzach getta toczą się do końca lata; część powstańców opuszcza getto kanałami; niektórzy z nich będą walczyć w szeregach AL w powstaniu warszawskim

19 IV 1943
Pierwsza akcja zbrojna AK niosąca pomoc walczącemu gettu warszawskiemu, a po niej następne tego typu akcje żołnierzy AK (m.in. 18 żołnierzy Korpusu Bezpieczeństwa bierze udział we wspomnianej bitwie na pl. Muranowskim) oraz grupy Gwardii Ludowej (m.in. jej członkowie zorganizowali wyprowadzenie dwóch grup bojowców ŻOB na „stronę aryjską")

13 V 1943
Szmul Zygielbojm, poseł polskiej Rady Narodowej w Londynie, popełnia samobójstwo na znak protestu przeciw obojętności świata wobec Zagłady Żydów

V 1943
W Hotelu Polskim w Warszawie zostaje utworzony ośrodek legalnej emigracji dla Żydów posiadających obce obywatelstwo; część zgłaszających się, po uprzednim przewiezieniu do obozu w Vittel we Francji, zostanie wymieniona na internowanych obywateli niemieckich, jednak dla ok. 90% z nich „afera Hotelu Polskiego" okaże się prowokacją i pułapką; współorganizator tej akcji Żyd, agent gestapo Leon Skosowski zostanie zastrzelony z wyroku polskiego podziemnego Sądu Specjalnego jesienią 1943 r.

VI 1943
Likwidacja getta we Lwowie; 1 VI 1943 r. Żydzi lwowscy podejmują próbę zbrojnego oporu

11 VII 1943
Na polecenie Hitlera zostaje wydany zakaz publicznego ogłaszania informacji o przebiegu „ostatecznego rozwiązania kwestii żydowskiej"

3 VIII 1943
W czasie likwidacji getta w Będzinie organizacja bojowa, zawiązana tu w maju 1942 r., stawia zbrojny opór

28 VIII 1943
Bunt w obozie zagłady w Treblince; ucieka ok. 700 więźniów; ok. 70 ujdzie pościgowi

16-26 VIII 1943
Powstanie w czasie likwidacji getta w Białymstoku

10 IX 1943
Większość grupy bojowców częstochowskiej ŻOB w lasach koło Koniecpola zostaje wymordowana przez oddział AK; jego dowódca zostanie za to rozstrzelany 9 miesięcy później z rozkazu szefa Obwodu Kieleckiego AK

23-24 IX 1943
Ostateczna likwidacja getta wileńskiego; bojowcy po próbie podjęcia oporu przedzierają się do okolicznych lasów i ok. 200 z nich przechodzi do partyzantki

1 IX 1943
Zbrojna samoobrona Żydów w getcie tarnowskim

14 X 1943
Bunt w obozie zagłady w Sobiborze; ucieka ok. 300 więźniów (ocaleje ok. 50)

3 XI 1943
Bunt w obozie pracy przy ul. Lipowej w Lublinie

19 XI 1943
Bunt w Sonderkommando w obozie przy ul. Janowskiej we Lwowie; tylko ok. 10 więźniom udaje się zbiec

1944
Na początku tego roku na Zachód docierają szczegółowe informacje o obozie zagłady Auschwitz-Birkenau; żądania zbombardowania tego obozu wysunięte przez organizacje żydowskie zostaną odrzucone ze względu na trudności techniczne, choć w tymże roku zorganizowano 4 naloty na pobliskie zakłady chemiczne

I 1944
Powstanie w obozie zagłady w Chełmnie

3 X 1943-18 I 1944
W obozie w Vittel we Francji poeta Icchak Kacenelson (1886–1944) pisze poemat *Pieśń o zamordowanym żydowskim narodzie* (w języku jidisz), jeden z najbardziej znanych utworów literackich z okresu Holocaustu; ukryty na terenie wspomnianego obozu manuskrypt zostanie odnaleziony po wojnie i doczeka się wydania, także w licznych tłumaczeniach, w tym na język polski

I-III 1944
Ponad 200 żydowskich żołnierzy dezerteruje z polskich sił zbrojnych w Anglii (prawdopodobnie pod wpływem agitacji syjonistycznej); antysemityzm w tej części WP na Zachodzie (służyło w niej ok. 2 tys. Żydów) oraz części środowisk emigracyjnych spowodował ostre ataki na rząd polski ze strony kół żydowskich (sprawa ta była przedmiotem 12 debat w Izbie Gmin); podjęte przez dowództwo armii próby przeciwdziałania antysemityzmowi były jednak niezbyt zdecydowane

1 III 1944
Ukrywający się w Warszawie Emanuel Ringelblum wraz z Adolfem Bermanem opracowują raport o działalności kulturalnej

w gettach; za pośrednictwem polskiego kuriera zostanie on przesłany m.in. do Żydowskiego Instytutu Naukowego (JIWO); jeszcze w 1940 r. siedziba tego instytutu została przeniesiona — na razie bez zbiorów — z Wilna do Nowego Jorku

7 III 1944

Na skutek denuncjacji zostaje wykryty w Warszawie schron zorganizowany przez rodzinę Wolskich; ukrywająca się w nim grupa przeszło 30 Żydów (w tym Ringelblum) oraz ujęci wówczas pomagający im Polacy zostali zamordowani

VII 1944

Tuż przed wkroczeniem Armii Czerwonej do Lublina zostają wywiezieni do Oświęcimia ostatni więźniowie likwidowanego obozu koncentracyjnego na Majdanku

VII 1944

Niemcy przystępują do likwidacji, liczącego wówczas 82 tys. mieszkańców, ostatniego z istniejących na ziemiach polskich getta łódzkiego; ostatni transport Żydów do Oświęcimia wysłano stąd 30 VIII 1944 r.

VIII-X 1944

W powstaniu warszawskim bierze udział prawdopodobnie ok. 1 tys. Żydów; 5 VIII 1944 r. żołnierze batalionu „Zośka" wyzwalają obóz koncentracyjny, tzw. Gęsiówkę, uwalniając 348 Żydów, w tym 89 Żydów polskich

1944

Podczas powstania warszawskiego — latem i jesienią — Niemcy likwidują większość ośrodków, w których przetrzymywano Żydów; m.in. przeprowadzono selekcje i egzekucje w obozach pracy (Skarżysko-Kamienna, Radom, Starachowice i in.)

7 X 1944
Bunt w Sonderkommando w obozie Auschwitz-Birkenau; więźniowie zdołają zniszczyć jedną z komór gazowych; żaden z uczestników buntu się nie uratuje

29 XI 1944
Heinrich Himmler wydaje rozkaz zniszczenia komór gazowych i krematoriów w obozach zagłady wobec możliwości wpadnięcia ich w ręce aliantów

17 I 1945
Bunt w obozie zagłady w Chełmnie n. Nerem

I 1945
Likwidacja obozów koncentracyjnych na ziemiach polskich; ewakuacja więźniów, również w pieszych kolumnach (tzw. marsze śmierci); 19 I 1945 r. Armia Czerwona wyzwala ostatnich 887 Żydów z getta w Łodzi; 27 I 1945 r. patrol Armii Czerwonej wyzwala ok. 7 tys. ostatnich więźniów Oświęcimia, których Niemcy nie zdążyli ewakuować; w sumie w czasie Holocaustu zginęło 85–89% Żydów polskich

5. PO II WOJNIE ŚWIATOWEJ

Odrodzone po tragedii Holocaustu skupisko żydowskie w Polsce mogli stworzyć tylko repatrianci z ZSRR, gdzie przeżyła wojnę największa liczba Żydów polskich. Były to jednak powroty trudne, gdyż kraj nasz stał się jednym wielkim cmentarzem i miejscem męczeńskiej śmierci ich najbliższych. Zniszczone też zostały bezpowrotnie podstawowe struktury, na których opierało się życie żydowskie, tak bujnie rozwijające się przed wojną. Znikły i nie mogły się odrodzić żydowskie miasteczka. Tzw. mienie pożydowskie zajęli już często nowi właściciele. Część repatriantów pragnęła powrócić do dawnego trybu życia, jednak w większości wypadków — szczególnie, gdy chodziło o Żydów ortodoksyjnych — było to zupełnie niemożliwe w nowej rzeczywistości.

W okresie powojennym poważnym zagrożeniem były też wzbierające kilkakrotnie fale antysemityzmu. Nie ma przy tym istotnego znaczenia, czy inicjowały je władze komunistyczne w 1956 i 1968 r. oraz w niejasnej sprawie pogromu kieleckiego, czy sprawiały to inne czynniki. Faktem jest, że decydujące znaczenie miały tu trzy elementy. Mit żydokomuny był częścią polskiej świadomości zbiorowej jeszcze w okresie międzywojennym. Wzmocniły go doświadczenia konfliktów narodowościowych pod okupacją sowiecką, a także udział Żydów w strukturach narzuconej przez Rosjan władzy (w tym w tzw. organach bezpieczeństwa). Jest jednak oczywiste, że nowy ustrój budowali przede wszystkim Polacy, a rola Żydów w tym procesie była mitem, znajdującym co prawda spektakularne potwierdzenia jednostkowe, ale równie fałszywym, jak wszystkie tego typu generalizacje. Poza tym demoralizujący wpływ na społeczeństwo polskie wywarł fakt, że było ono świadkiem masowego mordowania Żydów. Podsyciło to m.in. pogardliwy stosunek do żydowskich współobywateli, a sam fakt, że komuś udało się ujść z życiem, budził zdziwienie. Nie wypowiedziana wojna domowa i gwałty dokonywane przez władze komunistyczne podsycały niechęć do „obcych". Wreszcie zubożenie i trudna sytuacja kraju powodowały zaostrzenie konfliktów wokół „mienia pożydowskiego" oraz podejmowanych prób restytucji własności. Skala wzrostu nastrojów antysemickich w Polsce powojennej, w tym liczba morderstw (zwłaszcza indywidualnych), nie może być precyzyjnie przedstawiona. Trudno też często oddzielić zabójstwa na tle antysemickim od pospolitych morderstw (np. na tle rabunkowym) czy bratobójczych walk politycznych. Najważniejszy jest natomiast fakt, że Żydzi w powojennej Polsce czuli się zagrożeni i poczucie to powracało w czasie

153

kolejnych kryzysów. Obok innych wymienionych czynników przyczyniło się ono do kilku fal emigracji (exodusu), które zredukowały do kilku tysięcy społeczność żydowską w naszym kraju.

Mimo bardzo trudnych warunków w latach 1944–1950, a więc w czasie, gdy w miarę swobodnie działały autonomiczne organizacje żydowskie, powstał w Polsce bardzo dynamiczny ośrodek żydowski. Miał on duże osiągnięcia w tworzeniu zrębów nowego życia, zwłaszcza w sferze kultury. Dokonania spotykały się z uznaniem, w tym także zagranicznych organizacji żydowskich. Przecięcie powiązań i możliwości uzyskiwania obcej pomocy przez władze komunistyczne, a następnie ostateczna likwidacja autonomicznych struktur organizacji żydowskich w latach 1949–1950 zniszczyły ten dorobek. Już wcześniej natomiast życie religijne tego skupiska nie mogło się rozwijać swobodnie w tzw. Polsce Ludowej. Mimo to w dalszym ciągu było tu jeszcze wielu Żydów mających nadzieję, jeśli nie na odrodzenie życia żydowskiego, to przynajmniej na podtrzymanie w okrojonym kształcie instytucji kulturalnych.

Rok 1968 należy traktować jako datę symboliczną. Rozgrywka w elicie władzy komunistycznej, w której sięgano po hasła antysemickie, doprowadziła do nagonki i ostatecznego zniszczenia żydowskiego skupiska w Polsce. Było to tym boleśniejsze, że zmuszono wówczas do emigracji ludzi w większości mocno zasymilowanych, którzy pragnęli z Polską łączyć swą przyszłość. Polityka ówczesnych władz polskich i depresja wywołana szokiem po „wydarzeniach marcowych" rozciągnęła się na całe lata i dopiero po roku 1980 można było dostrzec pewne oznaki ożywienia w środowisku żydowskim w naszym kraju. Jego większość jednak stanowią dziś ludzie starzy.

Wspaniała przeszłość Żydów polskich winna być przedmiotem zainteresowania i refleksji Polaków. Nie jest to tylko powinność wobec grupy mniejszościowej, która przez bez mała tysiąc lat współżyła z naszymi przodkami na wspólnej ziemi. Obowiązek ten wynika przede wszystkim z faktu, że polska świadomość narodowa bez uwzględnienia kontekstu tego sąsiedztwa będzie zawsze kaleka. Niestety, da się wskazać bardzo liczne przykłady, także w naukowej literaturze historycznej, zupełnego pomijania niezwykle istotnej roli Żydów w dziejach Polski i ich ogromnego dorobku we wszystkich dziedzinach życia. Tendencja ta została zahamowana, zwłaszcza w latach ostatnich. Można mieć tylko nadzieję, że zmiana postaw wobec wspólnej przeszłości Polaków i Żydów będzie się dokonywała nadal, co zaowocuje pożądanym zbliżeniem.

II 1944

Grupa członków młodzieżowych organizacji syjonistycznych powołuje Koordynację Syjonistyczną (Bricha), która będzie organizować nielegalną i półlegalną emigrację Żydów do Palestyny

VII 1944

Powstaje Komitet Organizacyjny Żydów Polskich przy Zarządzie Głównym Związku Patriotów Polskich, którego zadania od 8 VIII 1944 r. częściowo przejmie Referat do Spraw Pomocy Ludności Żydowskiej Polskiego Komitetu Wyzwolenia Narodowego (PKWN), a od grudnia 1944 r. Referat w Wydziale Narodowościowym Ministerstwa Administracji Publicznej (MAP)

od VII 1944

Na terenach wyzwolonych z okupacji niemieckiej samorzutnie zaczynają powstawać Komitety Żydowskie

VIII 1944

W Lublinie powstaje Żydowska Komisja Historyczna; w grudniu tegoż roku przekształcono ją w Centralną Żydowską Komisję Historyczną (CŻKH) przy Centralnym Komitecie Żydów w Polsce

IX 1944

PKWN podpisuje z rządami zachodnich republik ZSRR umowę o repatriacji obywateli polskich, dotyczącą Polaków i Żydów; zacznie się ona w listopadzie 1944 r., a jej największe nasilenie przypadnie na 1945 i pierwszą połowę 1946 r.

IX 1944

Bund, jako pierwsza partia żydowska, zgłasza propozycję współpracy z władzami „Polski lubelskiej" (w listopadzie tego roku odbędzie się I Konferencja Bundu); proces odradzania się partii syjonistycznych zakończy się w połowie 1945 r.; po wojnie w Polsce podejmie działalność 11 partii żydowskich, w tym 3 nielegalnie (Aguda, rewizjoniści i fołkiści)

X 1944

Komitet Żydowski w Lublinie zwraca się do Resortu Wyznań Religijnych PKWN o mianowanie naczelnego rabina w celu utworzenia podstaw organizacji żydowskiego życia religijnego

4 XI 1944

PKWN powołuje do życia Centralny Komitet Żydów w Polsce (CKŻP); pod jego auspicjami m.in. zacznie działać w 1945 r. Centralna Biblioteka Żydowska

XI 1944

Rozpoczęte (początkowo w wersji rękopiśmiennej) wydawanie „Biuletynu" Komitetu Żydowskiego w Lublinie otwiera powojenny etap dziejów prasy żydowskiej w Polsce; swe periodyki będą wydawać do 1950 r. wszystkie ugrupowania polityczne i organizacje społeczne

1945

Od początku tego roku powstają żydowskie spółdzielnie produkcyjne — pierwsze z inicjatywy Bundu; do końca roku będzie ich 20; w 1946 r. powstanie Centrala Spółdzielni Wytwórczych „Solidarność" oraz 100 nowych spółdzielni

II 1945

MAP wyraża zgodę na założenie Żydowskich Zrzeszeń Wyznaniowych, choć nie na prawach przedwojennych gmin, równocześnie odmawiając legalizacji Agudy; w 1946 r. zmieniono ich nazwę na Żydowskie Kongregacje Wyznaniowe (ŻKW)

1945

Początek repatriacji z ZSRR, gdzie przebywało — wedle różnych szacunków — od 150 do 250 tys. polskich Żydów; w pierwszej połowie 1946 r. przybywa do kraju 136550 z nich; wedle danych organizacji żydowskich do końca 1946 r. zarejestruje się w Komitetach Żydowskich niemal ćwierć miliona osób

IV 1945

W Dzierżoniowie na Dolnym Śląsku działa Komitet Pomocy Żydom z Obozów Koncentracyjnych; od jego powstania datuje się tu rozwój terenowej struktury CKŻP, w czerwcu 1945 r. powstanie Wojewódzki Komitet Żydowski Dolnego Śląska i 7 podległych mu komitetów terenowych oraz odbędzie się pierwszy koncert z okazji powołania tego rodzaju instytucji; Komitety powstawały samorzutnie, stając się z czasem terenowymi strukturami CKŻP

VI 1945
W CKŻP zarejestrowało się 20 tys. Żydów, którzy przeżyli okupację ukrywając się w Polsce, i ok. 10 tys. uwolnionych z obozów niemieckich

VII 1945
Po długiej dyskusji Prezydium CKŻP podejmuje uchwałę o tworzeniu dla dzieci żydowskich szkół świeckich z językiem wykładowym jidisz i obowiązkową nauką hebrajskiego; pierwsze szkoły pod egidą CKŻP powstały jeszcze w 1944 r.; początkowo Referat Szkolny podlegać będzie Wydziałowi Opieki nad Dzieckiem; w tym samym roku powstaje Związek Nauczycieli Żydowskich, który wyłoni Komisję Programową dla przygotowania programów nauczania

18 VII 1945
MAP wyraża zgodę na wznowienie w Polsce działalności American Joint Distribution Committee (w skrócie Joint), wpływowej charytatywnej organizacji Żydów amerykańskich, która wkrótce przejmie w znacznym stopniu finansowanie odradzającego się życia żydowskiego

VII 1945
W Jodłowie zebranie Stronnictwa Ludowego podejmuje uchwałę – następnie wykonaną – o wygnaniu Żydów z miasteczka

VIII 1945
Pogrom na krakowskim Kazimierzu; do podobnych wypadków dochodzi w innych miejscowościach (m.in. w Rzeszowie, Radomiu, Miechowie, Chrzanowie, Rabce); liczba zabójstw Żydów

szacowana jest: w 1945 r. na ok. 350, a w kwietniu 1946 r. na 800 przypadków

XII 1945
Ministerstwo Spraw Zagranicznych (MSZ) zleca CKŻP wystawianie zaświadczeń o narodowości żydowskiej osobom ubiegającym się o paszporty; w 1946 r. powstanie Wydział Emigracyjny CKŻP, którego zadaniem będzie pomoc w organizowaniu legalnej emigracji z kraju; poza nim działało jeszcze kilka organizacji zajmujących się tą sprawą

1945
Israel Halperin ogłasza w Jerozolimie *Pinkas Waad Arba Aracot*, tj. rekonstrukcję *Kroniki Sejmu Czterech Ziemstw* (1580–1764)

1946
We Wrocławiu powstaje Żydowskie Koło Akademickie

4 VII 1946
W niejasnych okolicznościach w Kielcach z powodu plotki o „mordzie rytualnym" wybucha pogrom, giną 42 osoby, a ok. 100 jest rannych; pogrom ten wywołuje panikę wśród części Żydów polskich i związane z tym nasilenie ich wyjazdów z kraju; do stycznia 1946 r. opuściło Polskę ponad 25 tys. Żydów, w całym zaś 1946 r. – ok. 150 tys.

VII 1946
W połowie miesiąca Ministerstwo Bezpieczeństwa Publicznego i MSZ wyrażają zgodę na masową emigrację Żydów organizowaną przez Brichę (por. II 1944 r.); większość osób opuszczających Polskę w ramach tej akcji przekraczać będzie granicę na Dolnym Śląsku; ułatwienia z tym związane zostaną cofnięte 22 II 1947 r., a działalność Brichy zostanie ograniczona; w latach 1944–1947 korzystając z jej pomocy opuści kraj ok. 140 tys. Żydów

VIII 1946
Powstaje Komisariat Rządu do Spraw Produktywizacji Ludności Żydowskiej; będzie on głównie wspierać żydowską Centralę Spółdzielni Wytwórczych „Solidarność", znajdującą się pod wpływami Frakcji PPR przy CKŻP

1946
W tym roku Frakcja PPR przy CKŻP liczy zaledwie ok. 3 tys. członków

1946
Przy CKŻP powstają m.in.: Wydział Ziomkostw (wspierający stosunki między stowarzyszeniami Żydów pochodzących z poszczególnych miast, działającymi w kraju i za granicą) i Departament Szkolny

od połowy 1946
Syjoniści otwierają własne szkoły; akcję tę koordynuje Biuro, założone w Łodzi

1946
W tym roku ze wsparcia zagranicznego, udzielanego przede wszystkim za pośrednictwem Jointu, korzysta 278 żydowskich instytucji edukacyjnych różnych typów, w których pobiera naukę 20631 uczniów

1946
W Łodzi i Wrocławiu odbywają się konferencje żydowskich placówek oświatowych

1946
Powstaje Żydowskie Towarzystwo Krzewienia Sztuk Pięknych (ŻTKSP); w listopadzie 1946 r. zorganizuje ono pierwszą wystawę indywidualną, poświęconą twórczości Rafała Mandelzweiga (1908–1956)

XII 1946
Odbywa się Konferencja Kultury Żydowskiej na Dolnym Śląsku

1946-1949
ŻTKSP prowadzi akcję zbierania dzieł artystów żydowskich, tworząc kolekcję ok. 1 tys. eksponatów dla założonej przez siebie Galerii Sztuki Żydowskiej

1946-1950
W Łodzi działa żydowski zespół filmowy „Kinor"; zrealizowano w nim ok. 12 filmów krótkometrażowych i 2 pełnometrażowe

1946
Pod patronatem CKŻP powstaje wydawnictwo prasowo-książkowe Dos Naje Łebn (Nowe Życie), potem Unzer Łebn (Nasze Życie), działające później pn. Jidisz Buch (Żydowska Książka)

1947
ŻKW zrzeszają 80 kongregacji zgrupowanych w pięciu okręgach (warszawskim, łódzkim, krakowskim, katowickim i wrocławskim); pracuje 25 rabinów, działa 38 synagog i kilkadziesiąt domów modlitwy

III 1947
Wspólna akcja rozdawnictwa macy na święto Pesach prowadzona przez ŻKW i CKŻP doprowadza do wznowienia, podjętych jeszcze w 1946 r., rozmów na temat koordynacji prac obu tych organizacji

III 1947
Konferencja Aktorów Żydowskich dokonuje podsumowania dokonań sceny żydowskiej w powojennej Polsce; bezpośrednio po wojnie — poza kilkoma innymi, krótko działającymi zespołami — powstały dwa teatry żydowskie we Wrocławiu i Łodzi; pod koniec 1950 r. w ich miejsce utworzony zostanie jeden Państwowy Teatr Żydowski

1947
Przeniesienie siedziby centralnych władz i instytucji żydowskich z Łodzi do Warszawy

1947
Ponowny wzrost nastrojów antysemickich podczas wyborów wywołuje zwiększenie liczby Żydów pragnących opuścić Polskę; w 1948 r. władze zaczną utrudniać im wyjazdy; od tej pory znaczna część emigracji Żydów z Polski będzie organizowana drogami półlegalnymi i nielegalnymi

1947
We Wrocławiu powstaje żydowska szkoła muzyczna im. Bronisława Hubermana

III 1947
Pod egidą Związku Artystów Żydowskich odbywa się Konferencja Aktorów Żydowskich

V 1947
CŻKH zostaje przekształcona w Żydowski Instytut Historyczny (ŻIH); terenowe jednostki CŻKH zostają rozwiązane, a ich zbiory przeniesione do Warszawy; nieco później ich los podzielą zbiory Galerii Sztuki Żydowskiej; w tymże roku ŻIH rozpocznie wydawanie czasopisma naukowego w języku jidisz „Bleter far Geszichte"

X 1947
Odbywa się Zjazd Pisarzy Żydowskich

1947
Działa 20 żydowskich klubów sportowych, a w 1949 r. — 16

23 XI 1947
Zjazd Żydowskich Pracowników Kultury powołuje do życia Żydowskie Towarzystwo Kultury i Sztuki (ŻTKiS); będzie ono

działać dzięki środkom dostarczanym przez CKŻP; największe wpływy w tej organizacji mieć będzie Frakcja PPR; ŻTKiS planowało zorganizować Światowy Kongres Kultury Żydowskiej w 1948 r., który jednak zostanie odwołany

1947-1948
W Bolkowie na Dolnym Śląsku działa obóz szkoleniowy dla bojowników Hagany (podziemnej organizacji militarnej walczącej o powstanie państwa żydowskiego w Palestynie), przez który przejdzie ok. 2,5 tys. ochotników

1947-1949
Po pierwszej fali exodusu wielkość skupiska żydowskiego w Polsce ustala się na poziomie ok. 100 tys. osób

1948
Powstanie państwa Izrael; ZSRR i blok sowiecki popierały walkę Żydów o jego utworzenie; wsparcie to zostaje jednak wycofane; następuje też całkowita zmiana orientacji na antyizraelską

1948
W ZSRR władze stalinowskie podejmują akcję przeciw założonemu w czasie wojny Żydowskiemu Komitetowi Antyfaszystowskiemu; początki kampanii przeciw „kosmopolityzmowi bez korzeni"; posunięcia te zapoczątkują represje w latach 1948–1953, w wyniku których zostanie zniszczona kultura żydowska w ZSRR, a wielu jej twórców zginie w egzekucjach (w tym kilku pisarzy żydowskich z Polski)

1948
Likwidacja Wydziału Produktywizacji CKŻP zajmującego się szkoleniem i kierowaniem Żydów do pracy w przemyśle

1948
Jako ostatnia z partii żydowskich w Polsce po II wojnie światowej zostaje oficjalnie uznana przez polskie władze partia Mizrachi;

wobec niechęci władz do Agudy w tworzeniu kongregacji wyznaniowych działacze Mizrachi odgrywali już wcześniej dużą rolę

VI 1948
Władze komunistyczne wymuszają przystąpienie ŻKW do CKŻP; jednak już w sierpniu 1949 r. ze środowisk kongregacyjnych wyłoni się Związek Religijny Wyznania Mojżeszowego w Polsce (ZRWM)

1948
Związek Pisarzy Żydowskich podejmuje publikowanie miesięcznika literackiego „Jidisze Szriftn" („Pisma Żydowskie")

15-21 XII 1948
W Warszawie obraduje kongres zjednoczeniowy PPR i PPS, który powołuje Polską Zjednoczoną Partię Robotniczą (PZPR) — kształtowanie się systemu stalinowskiego w Polsce wkracza w decydującą fazę; w styczniu 1949 r. Komitet Centralny Bundu spowoduje (wbrew woli wielu członków partii) przyłączenie Bundu do PZPR; wkrótce także ulegną likwidacji pozostałe żydowskie partie polityczne

1949-1950
Władze komunistyczne likwidują lub ograniczają niezależność i możliwości działania organizacji żydowskich w Polsce; prawdopodobnie przewidując opór przeciw tym posunięciom planowano zorganizowanie obozu dla Żydów; następuje kolejna faza exodusu z Polski; wyemigruje ok. 30 tys. osób

1950
Władze uniemożliwiają organizacjom żydowskim korzystanie z subwencji zagranicznych, w tym zakazują działalności Jointu (od 1 I 1950 r.); kroki te zmierzają do pełnego podporządkowania życia żydowskiego w Polsce władzom komunistycznym

1950

Zaczyna ukazywać się „Biuletyn Żydowskiego Instytutu Historycznego" jako półrocznik naukowy, a od 1953 r. — jako kwartalnik

III-X 1950

Następuje zjednoczenie CKŻP z ŻTKiS i powstaje Towarzystwo Społeczno-Kulturalne Żydów w Polsce (TSKŻ), finansowane ze środków Ministerstwa Spraw Wewnętrznych

1951

Wydawnictwo Jidisz-Buch podejmuje publikację dzieł klasyków literatury żydowskiej w nakładach przekraczających potrzeby skupiska żydowskiego w Polsce; poza tym wydaje ono wiele różnorodnych pozycji, w tym podręczniki szkolne; do 1955 r. opublikuje 152 tytuły; zostanie zlikwidowane w 1968 r.

1952

Likwidacja rabinatu polowego w LWP (naczelny rabin LWP Dawid Kahane opuścił Polskę w 1949 r.); w latach 1952–1953 będą usuwani z wojska niektórzy oficerowie Żydzi

1952

W Czechosłowacji odbywa się proces sekretarza generalnego Komunistycznej Partii Czechosłowacji Rudolfa Slánskiego i 13 innych osób (jedenastu z nich przypisywano żydowskie pochodzenie) oskarżonych o spisek „trockistowsko-titowsko-syjonistyczny"; antysemityzm władz bloku sowieckiego będzie ukrywany za hasłami walki z „syjonistyczno-imperialistycznym spiskiem międzynarodowym"

1953

W ZSRR kampania antyżydowska osiąga punkt kulminacyjny (oskarżenie lekarzy kremlowskich o trucicielstwo — tzw. mordercy w białych fartuchach); później zamierzano masowo deportować Żydów na Syberię; Stalin zrywa stosunki dyplomatyczne z Izraelem; z Polski zostaje wydalony konsul Izraela jako *persona non grata* (władze komunistyczne wysuwają wobec niego bezpodstawne oskarżenie o szpiegostwo, jednak przygotowywany przez Urząd Bezpieczeństwa proces pokazowy nie odbędzie się)

1955
Kierowany przez Idę Kamińską Państwowy Teatr Żydowski zostaje przeniesiony z Łodzi do Warszawy

1956
Po załamaniu się systemu stalinowskiego w Polsce i „polskim Październiku" dochodzi do kolejnej fazy repatriacji z ZSRR (w tym ok. 18 tys. Żydów); w efekcie wzrostu nastrojów nacjonalistycznych i antysemickich równocześnie następuje kolejna faza exodusu Żydów z Polski (opuści ją ok. 51 tys. osób); w 1961 r. pozostanie w kraju zaledwie ok. 45 tys. Żydów

1957
W Londynie umiera Szalom Asz (ur. 1880), prozaik i dramaturg, klasyk nowoczesnej prozy żydowskiej; od 1910 r. żył i tworzył poza Polską, zachowując w okresie międzywojennym ścisłe kontakty z krajem rodzinnym

1957
Tygodnik „Fołks-Sztyme" („Głos Ludu"), wydawany przez TSKŻ, zaczyna ukazywać się wraz z dodatkiem w języku polskim pt. „Nasz Głos"; od 1945 r. wydawał go Wydział Spraw Żydowskich PPR, a od 1950 r. − TSKŻ

1958
Zakończenie trwającej od 1956 r. odbudowy i konserwacji Starej Synagogi na krakowskim Kazimierzu, gdzie zostanie umieszczone muzeum judaistyczne

1961
Od tego roku stanowisko naczelnego rabina w Polsce pozostaje nie obsadzone

19 VI 1961
ZRWM zostaje wpisany do Rejestru Stowarzyszeń i Związków Religijnych

25 XII 1961
W nie wyjaśnionych okolicznościach ginie redaktor naczelny „Walki Młodych" Henryk Holland, zatrzymany kilka dni wcześniej przez Naczelną Prokuraturę Wojskową; jego śmierć będzie wiązana z walkami między frakcjami „puławian" (liberalną, z którą związany był Holland) i „natolińczyków" (dogmatyczną) w łonie PZPR; w walkach frakcyjnych w PZPR sięgano niejednokrotnie po argumenty antysemickie

1965
Odwołanie dyrektora Państwowego Wydawnictwa Naukowego (PWN) Adama Bromberga jest jednym z pierwszych sygnałów o nasileniu się nurtu antysemickiego w walce w komunistycznej elicie władzy; Najwyższa Izba Kontroli zarzucała Brombergowi, że jakoby narażał Polskę na straty przez współpracę PWN z brytyjskim wydawnictwem Pergamon Press

1966
V Zjazd TSKŻ uchwala rezolucję o rozszerzeniu działalności istniejących i powołaniu nowych Uniwersytetów Ludowych

1966
Pochodzący z Polski poeta Szmuel Josef Czaczkes (pseud. Agnon, 1888–1970) zostaje laureatem literackiej Nagrody Nobla; od 1909 r. mieszkał w Palestynie

1967

Wybucha tzw. wojna sześciodniowa, w której Izrael zajmuje półwysep Synaj, Strefę Gazy, Zachodni Brzeg Jordanu, część Jerozolimy i wzgórza Golan; państwa bloku sowieckiego (w tym Polska) potępiają Izrael, a następnie zrywają z nim stosunki dyplomatyczne; władze zaczynają usuwać Żydów z wojska; w przeczuciu nadciągającej katastrofy TSKŻ organizuje spotkania, na których składane są deklaracje solidarności z antyizraelską polityką państwa

1967

Ida Kamińska otrzymuje nagrodę Academy of Motion Pictures Arts and Science w Los Angeles — tzw. Oscara — za rolę w czechosłowackim filmie *Sklep przy głównej ulicy*

8 III 1968

Wystąpienia studenckie zostają wykorzystane przez ścierające się ze sobą frakcje w łonie kierownictwa PZPR do generalnej rozgrywki; już w połowie lat 60. jedna z nich propagowała na swój użytek „dochodzenie żydowskiego pochodzenia" wedle norm praw norymberskich, by posługując się argumentami nacjonalistycznymi uchwycić władzę; od 11 III 1968 r. w środkach masowego przekazu zostaje rozpętana nagonka „antysyjonistyczna"; stanie się ona, jak i związane z nią inne czynniki oraz naciski, wywołujące poczucie zagrożenia (usuwanie z pracy itp.), przyczyną ostatniej fazy exodusu z Polski; w latach 1968–1972 kraj opuści ok. 30 tys. Żydów

1968

Obiektem gwałtownej nagonki antysemickiej staje się m.in. zespół redakcyjny *Wielkiej Encyklopedii Powszechnej* PWN, zwłaszcza z powodu hasła „obozy koncentracyjne"; m.in. podnoszono, że podając liczbę wymordowanych Żydów, zaliczono do nich także Polaków pochodzenia żydowskiego (Kazimierz

Rusinek); oburzano się, że w encyklopedii nie ma hasła *Martyrologia narodu polskiego* (Tadeusz Kur); w pomarcowej propagandzie termin „encyklopedysta" był synonimem „syjonisty fałszującego historię"

1969
Tygodnik „Fołks-Sztyme" zaczyna ukazywać się z kilku stronami polskojęzycznymi

1970
Początek odbudowy struktur TSKŻ po „wydarzeniach marcowych" 1968 r.

1975
Zgromadzenie Ogólne ONZ uchwala rezolucję potępiającą syjonizm jako formę rasizmu; do jej podjęcia doprowadzają państwa arabskie i należące do bloku sowieckiego (w tym Polska)

1976
Wybuchają protesty robotnicze; we wrześniu 1976 r. powstaje Komitet Obrony Robotników, przemianowany we wrześniu 1977 r. na Komitet Samoobrony Społecznej KOR — powstaje tzw. opozycja demokratyczna w Polsce; wśród idei głoszonych przez KOR ważne miejsce zajmie potrzeba zwalczania antysemityzmu

1978
Pochodzący z Polski pisarz Izaak Baszewis Singer (1904–1991), tworzący w jidisz, zamieszkały w USA, otrzymuje literacką Nagrodę Nobla; od tej chwili stale rośnie w Polsce zainteresowanie literaturą żydowską, Singer zaś staje się jednym z najpoczytniejszych pisarzy

1980-1981
Latem 1980 r. wybuchają protesty robotnicze, w efekcie których powstaje NSZZ „Solidarność", przeradzający się w masowy ruch

społeczny; w programie „rewolucji polskiej 1980/81" pojawiają się m.in. również hasła zwalczania antysemityzmu oraz żądania rozliczenia się z antysemickiej nagonki lat 1967–1968 i późniejszych, znajdujące wyraz także w publikacjach prasowych, w tym w regionalnych biuletynach „Solidarności"

6 III 1981
Powstaje Zjednoczenie Partiotyczne „Grunwald", organizacja nacjonalistyczna posługująca się hasłami antysemickimi

1981
Powstaje Społeczny Komitet do Spraw Pomników Kultury Żydowskiej

1982
Na mocy porozumienia między Polskim Radiem i Polską Radą Ekumeniczną dochodzi do emisji pierwszej audycji religijnej ZRWM

1983
Czterdziesta rocznica powstania w getcie warszawskim; władze pragnąc wykorzystać tę okazję do przełamania swej izolacji międzynarodowej po ogłoszeniu stanu wojennego dokonują pewnego zwrotu w stosunkach polsko-żydowskich; opozycja organizuje niezależnie obchody tej rocznicy z udziałem ostatniego żyjącego dowódcy powstania Marka Edelmana; od tej pory zaczyna ukazywać się więcej publikacji o historii Żydów w Polsce

1983
ZRWM zaczyna wydawać „Kalendarz Żydowski", mający formę rocznika — almanachu

1984
Nawiązanie pierwszych nieformalnych stosunków między Polską i Izraelem

1984

Jesienią powstaje klasztor karmelitanek bosych na terenie obozu zagłady w Oświęcimiu; na początku 1985 r. niemiecka organizacja „Kirche im Not" (Kościół w potrzebie) rozpocznie zbiórkę ofiar na remont Karmelu oświęcimskiego; wówczas to środowiska żydowskie w Europie i USA dowiedzą się o istnieniu tego klasztoru i zaczną protestować przeciw jego obecności w miejscu-symbolu Holocaustu

XII 1984

Zjazd Związku Religijnego Wyznania Mojżeszowego po szesnastoletniej przerwie wybiera Zarząd Główny zamiast Zarządu Tymczasowego

1985

Reaktywowano warszawski oddział TSKŻ, działający uprzednio do 1968 r.

1985

Fundacja im. Rodziny Nissenbaumów podejmuje działalność, mającą na celu opiekę nad zabytkami kultury żydowskiej w Polsce; wkrótce zaczną też działać m.in. The Ronald S. Lauder Foundation i Fundacja Małżeństwa Frenklów

1986

Otwarcie przedstawicielstw Polski i Izraela na najniższym szczeblu: Sekcji Interesów Izraela w Polsce przy Ambasadzie Królestwa Holandii, która po zerwaniu stosunków reprezentowała interesy Izraela w Polsce, oraz Sekcji Interesów Polski przy Banku PKO w Tel Awiwie; po dwóch latach obydwa przedstawicielstwa zostaną podniesione do rangi niezależnych biur Sekcji Interesów; w tym czasie rozszerza się wymiana kulturalna między Polską a Izraelem (pierwsze bezpośrednie połączenie lotnicze zostanie uruchomione w 1988 r.)

1986
ZRWM zrzesza 16 kongregacji

1986
W Izraelu powstaje Związek Autorów Piszących po Polsku, który
m. in. ma tworzyć możliwości publikowania tym, którzy do tej
pory musieli zadowalać się wydawaniem przekładów hebrajskich
własnych utworów

1987
W „Tygodniku Powszechnym" ukazuje się artykuł prof. Jana
Błońskiego *Biedni Polacy patrzą na getto*, który inicjuje ważny
etap dyskusji wśród intelektualistów katolickich nad przeszłością
stosunków polsko-żydowskich; w tymże periodyku ukazuje się
7 dalszych głosów polemicznych, a do redakcji nadchodzi duża
liczba listów

22 II 1987
W Genewie w czasie spotkania przedstawicieli środowisk żydowskich i katolickich strona katolicka zobowiązuje się w deklaracji
(podpisanej m.in. przez sekretarza Komisji Episkopatu Polski ds.
Dialogu z Judaizmem ks. Stanisława Musiała) do wybudowania
poza terenem byłego obozu w Oświęcimiu w ciągu 24 miesięcy
Centrum Informacji, Wychowania, Spotkań i Modlitwy, w którym miał znaleźć miejsce klasztor karmelitanek

1987
UNESCO podejmuje decyzję o włączeniu języka i kultury jidisz,
które były rodzimymi dla większości Żydów polskich, do programu ochrony kultur zagrożonych

1989
Dzięki nawiązaniu kontaktów ze środowiskami w Izraelu i USA
po wieloletnich staraniach zostaje sprowadzony do kraju rabin
Pinchas Menachem Joskowicz, który w połowie 1989 r. obejmuje
obowiązki naczelnego rabina Polski oraz rabina m.st. Warszawy

1989

Przekazanie przez ofiarodawców z USA warszawskiej synagodze im. Nożyków (odbudowanej ostatecznie w 1983 r.) *Tory* (tj. zwoju *Pięcioksięgu*); przez wiele lat brak było w Polsce egzemplarza odpowiadającego wymogom religijnym

19 IX 1989

Przewodniczący watykańskiej Komisji ds. Stosunków Religijnych z Judaizmem kardynał Johannes Willebrands wydaje oświadczenie dotyczące Karmelu oświęcimskiego, które przełamuje impas powstały wokół tej sprawy; początek prac przygotowawczych do budowy Centrum Informacji, Wychowania, Spotkań i Modlitwy

27 II 1990

Zostaje podpisana umowa polsko-izraelska o nawiązaniu pełnych stosunków dyplomatycznych na szczeblu ambasad; w roku następnym podpisano m.in. umowy: o współpracy kulturalnej, naukowej i oświatowej; o obustronnym utworzeniu ośrodków kultury i informacji; o współpracy gospodarczej, naukowej i technicznej; o współpracy handlowo-gospodarczej

1990

W czasie wyborów prezydenckich w Polsce podejmowane są próby posługiwania się antysemityzmem i nacjonalizmem jako bronią polityczną; w roku następnym ugrupowania nacjonalistyczne (m.in. Stronnictwo Narodowe „Szczerbiec", Wspólnota Polska) posługujące się hasłami antysemickimi w czasie kampanii przed wyborami parlamentarnymi nie wejdą do pierwszego po wojnie demokratycznie wybranego sejmu

30 XI 1990

Z okazji 25 rocznicy ogłoszenia przez Sobór Watykański II *Deklaracji „Nostra aetate"* o stosunku Kościoła do religii niechrześcijańskich Episkopat Polski wydaje list pasterski na temat antysemityzmu, stosunków polsko-żydowskich, w tym stosunku Polaków do Holocaustu, który zostanie odczytany w polskich kościołach 20 I 1991 r.

1990
W Izraelu powstaje, pierwszy poza granicami Polski, oddział stowarzyszenia „Rodzina Katyńska"

V 1991
Wizyta prezydenta Rzeczypospolitej Polskiej Lecha Wałęsy w Izraelu; w przemówieniu w Knesecie (parlamencie izraelskim) prosi on o wybaczenie za krzywdy, których doznali Żydzi na ziemiach polskich

28 III 1991
Na pierwszym posiedzeniu zbiera się Rada do Spraw Stosunków Polsko-Żydowskich przy Prezydencie RP, utworzona z inicjatywy Lecha Wałęsy

V 1992
Wizyta prezydenta Izraela Chaima Herzoga w Polsce

14 IV 1993
Papież Jan Paweł II w liście prosi karmelitanki o przeniesienie się do nowej siedziby; w maju 1993 r. watykańska Kongregacja do Spraw Zakonnych wyda rozporządzenie nakazujące siostrom przeniesienie się do nowego klasztoru do 30 VI 1993 r.; ostatnie siostry przeprowadzą się tam 5 VII 1993 r.

19 IV 1993
Obchody pięćdziesiątej rocznicy powstania w getcie warszawskim z udziałem prezydenta Rzeczypospolitej Polskiej, premiera i ministra obrony Izraela, wiceprezydenta USA i prezydenta Światowego Kongresu Żydów

BIBLIOGRAFIA
(WYBÓR LITERATURY POLSKIEJ)

A. CZASOPISMA

„Biuletyn Żydowskiego Instytutu Historycznego w Polsce", [wyd.] Żydowski Instytut Historyczny, Warszawa (od 1951)
„Głos Gminy Żydowskiej", Warszawa 1937–1939
„Kalendarz Żydowski", Warszawa (od 1983)
„Kwartalnik Poświęcony Badaniu Przeszłości Żydów w Polsce", Warszawa 1912–1913
„Miesięcznik Żydowski", Warszawa 1930–1935
„Pamiętnik Teatralny" 1992, z. 1–4
„Pismo Literacko-Artystyczne" 1989, nr 5
„Polska Sztuka Ludowa" 1989, nr 1–2
„Powiększenie" 1990, nr 1–4
„Sprawy Narodowościowe", [wyd.] Instytut Badania Spraw Narodowościowych, Warszawa 1927–1939 [w tym: *Żydzi* (kronika wydarzeń); artykuły monograficzne; *Bibliografia spraw narodowościowych*]
„Znak" 1983, nr 2–3; 1990, nr 4–5

B. DRUKI ZWARTE

Archiwum Ringelbluma – Getto Warszawskie, lipiec 1942–styczeń 1943/ oprac. Ruta Sakowska, Warszawa 1980
Bałaban Majer: *Bibliografia historii Żydów w Polsce i krajach ościennych za lata 1900–30*, cz. 1, Warszawa 1939 (reprint: Jerusalem 1978)
Bałaban Majer: *Dzieje Żydów w Galicyi i w Rzeczypospolitej Krakowskiej 1772–1868*, Lwów 1914 (reprint: Kraków 1988)
Bałaban Majer: *Dzielnica żydowska we Lwowie*, Lwów 1909 (reprint: Warszawa 1990)
Bałaban Majer: *Historia i literatura żydowska, ze szczególnym uwzględnieniem historii Żydów w Polsce*, t. 1–3, Lwów 1925 (reprint: Warszawa 1982)
Bałaban Majer: *Historia Żydów w Krakowie i na Kazimierzu*, t. 1: Kraków 1931, t. 2: Kraków 1936 (reprint: Kraków 1991)
Bałaban Majer: *Z historii Żydów w Polsce*, Warszawa 1920

Bałaban Majer: *Zabytki historyczne Żydów w Polsce*, Warszawa 1929

Bałaban Majer: *Żydowskie miasto w Lublinie*, Lublin 1991

Bałaban Majer: *Żydzi lwowscy na przełomie XVI i XVII w.*, Lwów 1906 (reprint: Jerusalem 1992)

Bersohn Mathias: *Dyplomatariusz dotyczący Żydów w Polsce*, Warszawa 1910

Bersohn Mathias: *Słownik biograficzny uczonych Żydów polskich*, Warszawa 1905 (reprint: Warszawa 1989)

Bartoszewicz Kazimierz: *Antysemityzm w literaturze polskiej XV–XVIII wieku*, Kraków 1914

Bartoszewicz Kazimierz: *Wojna żydowska 1859 r.*, Warszawa 1913

Biberstein Aleksander: *Zagłada Żydów w Krakowie*, Kraków 1985

Borwicz Michał M.: *Literatura w obozie*, Kraków 1946

Bronsztejn Szyja, *Ludność żydowska w okresie międzywojennym: studium statystyczne*, Wrocław 1963

Brzezina Maria: *Polszczyzna Żydów*, Warszawa 1986

Cała Alina: *Asymilacja Żydów w Królestwie Polskim (1864–1897)*, Warszawa 1989

Cała Alina: *Wizerunek Żyda w polskiej kulturze ludowej*, Warszawa 1992

Choiński-Jeske Teodor: *Neofici polscy*, Warszawa 1906

Chojnowski Andrzej: *Koncepcje polityki narodowościowej rządów polskich w latach 1921–1939*, Wrocław 1979

Choroba głodowa: badania kliniczne nad głodem wykonane w getcie warszawskim z roku 1942/ red. Emil Apfelbaum, Warszawa 1946

Cohn Adolf J., Heilpern Maksymilian: *Z dziejów gminy starozakonnych w Warszawie w XIX stuleciu*, t. 1: *Szkolnictwo*, Warszawa 1907 (reprint: Warszawa 1983)

Czerniaków Adam: *Dziennik getta warszawskiego/* wyd. Marian Fuks, Warszawa 1983

Datner Szymon: *Las sprawiedliwych*, Warszawa 1968

Datner Szymon: *Walka i zagłada białostockiego getta*, Łódź 1946

Dzieje Żydów w Łodzi: wybrane problemy/ pod red. W. Pusia i S. Liszewskiego, Łódź 1991

Eisenbach Artur: *Emancypacja Żydów na ziemiach polskich 1785–1870 na tle europejskim*, Warszawa 1988

Eisenbach Artur: *Hitlerowska polityka zagłady Żydów*, Warszawa 1961

Eisenbach Artur: *Historiografia żydowska w Polsce w okresie międzywojennym* [w:] *Środowiska historyczne II Rzeczypospolitej*, cz. 2, Warszawa 1987

Eisenbach Artur: *Kwestia równouprawnienia Żydów w Królestwie Polskim*, Warszawa 1972

Eisenbach Artur: *Wielka Emigracja wobec kwestii żydowskiej 1832–1849*, Warszawa 1976

Eisenbach Artur: *Z dziejów ludności żydowskiej w Polsce w XVIII i XIX wieku*, Warszawa 1983

Eisler Jerzy: *Marzec 1968: geneza, przebieg, konsekwencje*, Warszawa 1991

Encyclopaedia Judaica, wyd. 3, t. 1–16, Jerusalem 1974

Encyklopedia Judaica, t. 1–10, Berlin 1928–1934

Fijałkowski Paweł: *Dzieje Żydów w Polsce XI–XVIII wiek: wybór tekstów źródłowych*, Warszawa 1993

Friedman Filip: *Dzieje Żydów w Łodzi do 1863 r.*, Łódź 1935

Fuks Marian: *Prasa żydowska w Warszawie 1823–1939*, Warszawa 1979

Fuks Marian: *Muzyka ocalona: judaica polskie*, Warszawa 1989

Gebert Konstanty: *Wobec Boga i Zagłady: żydowskie życie religijne czasu Szoah*, „Collectanea Theologica" 1990, z. 3, s. 43–60

Goldstein Maksymilian, Dresdner Karol: *Kultura i sztuka ludu żydowskiego na ziemiach polskich*, Lwów 1935 (reprint: Warszawa 1991)

Grünbaum Icchak: *Polityka żydowska w Polsce w ostatnich dziesięcioleciach*, Warszawa 1930

Grünbaum Icchak: *Żydzi jako mniejszość narodowa*, Warszawa 1919 (Materiały w sprawie Żydowskiej w Polsce: 2)

Grynberg Michał: *Żydowska spółdzielczość pracy w Polsce w latach 1945–49*, Warszawa 1986

Hafftka Aleksander: *Żydzi* [w:] Urbański Zygmunt: *Mniejszości narodowe w Polsce*, Warszawa 1932

Halpern Leopold: *Polityka żydowska w Sejmie i Senacie Rzeczypospolitej, 1919–33*, Warszawa 1933

Hertz Aleksander: *Żydzi w kulturze polskiej*, wyd. 1, Paryż 1961

Horn Maurycy: *Regesty dokumentów i ekscerpty z Metryki Koronnej do historii Żydów w Polsce 1697–1795*, t. 1: *Czasy saskie (1697–1763)*, Wrocław 1984; t. 2: *Rządy Stanisława Augusta (1764–1795)*, Wrocław 1984

Jewriejskaja Encikłopedija, t. 1–16, Sankt-Petersburg 1908–1913

Kersten Krystyna: *Polacy – Żydzi – Komunizm: anatomia półprawd 1939–1968*, Warszawa 1992

Kirszrot Jakub: *Prawa Żydów w Królestwie Polskiem. Zarys historyczny*, Warszawa 1917

Kronika Getta Łódzkiego/ red. Danuta Dąbrowska, Lucjan Dobroszycki, t. 1–2, Łódź 1965–1966

Kroszczor Henryk: *Kartki z historii Żydów w Warszawie XIX–XX w.: sylwetki, szkice*, Warszawa 1979

Księga pamiątkowa ku czci Berka Joselewicza/ pod red. M. Bałabana, Warszawa 1934

177

Liebmann Hersz: *O przestępczości wśród Żydów w Polsce*, Warszawa 1938

Lilientalowa Regina: *Dziecko żydowskie*, Kraków 1927 (Prace Komisji Etnograficznej PAU: 3)

Lilientalowa Regina: *Święta żydowskie w przeszłości i teraźniejszości*, cz. 1–3, Kraków 1908–1918 oraz „Rozprawy AU, Wydział Filologiczny" t. 14: 1909; t. 52: 1913; t. 58, nr 5: 1918

Łastik Salomon, *Z dziejów oświecenia żydowskiego*, Warszawa 1961

Malinowski Jerzy: *Grupa „Jung Idysz" i żydowskie środowisko „Nowej Sztuki" w Polsce 1918–1923*, Warszawa 1987

Malinowski Jerzy: *Kultura artystyczna Wilna 1893–1945* [w:] *Wileńskie środowisko artystyczne*, Olsztyn 1989, s. 15–49

Malinowski Jerzy: *Żydowskie środowisko artystyczne w międzywojennej Polsce* [w:] *Wystawa dzieł artystów żydowskich 1918–1939*, Olsztyn 1987, s. 7–21

Mark Bernard: *Powstanie w getcie warszawskim*, wyd. 2, Warszawa 1963

Mark Bernard: *Ruch oporu w getcie białostockim: samoobrona – zagłada – powstanie*, Warszawa 1952

Mark Bernard: *Walka i zagłada getta warszawskiego*, Warszawa 1959

Mark Bernard: *Życie i walka młodzieży w gettach w okresie okupacji hitlerowskiej 1939–1944*, Warszawa 1961

Materiały do dziejów Sejmu Czteroletniego/ oprac. A. Eisenbach et al., t. 6, Wrocław 1969

Materiały w sprawie żydowskiej w Polsce/ pod red. I. Grünbauma, t. 1–6, Warszawa 1919–22

Mauersberg Stanisław: *Szkolnictwo powszechne dla mniejszości narodowych w Polsce w latach 1918–1939*, Wrocław 1968

Maurer Jadwiga: „*Z matki obcej...": szkice o powiązaniach Mickiewicza ze światem Żydów*, Londyn 1990

Mendelsohn Ezra: *Żydzi Europy Środkowo-Wschodniej w okresie międzywojennym*, Warszawa 1992

Mieses Mateusz: *Polacy-chrześcijanie pochodzenia żydowskiego*, t. 1–2, Warszawa 1938

Najnowsze dzieje Żydów w Polsce: w zarysie (do 1950 roku)/ pod red. J. Tomaszewskiego, Warszawa 1993

Nussbaum Hilary: *Historia Żydów*, t. 5, Warszawa 1890

Nussbaum Hilary: *Szkice historyczne z dziejów Żydów w Warszawie*, Warszawa 1881 (reprint: Warszawa 1989)

Pakentreger Aleksander: *Żydzi w Kaliszu w latach 1918–1939*, Warszawa 1988

Pankiewicz Tadeusz: *Apteka w getcie krakowskim*, wyd. 2, Kraków 1982

Perelman J.: *Rewizjonizm w Polsce 1928–1936*, Warszawa 1937

Piasecki Henryk: *Sekcja żydowska PPSD i Żydowska Partia Socjalno-Demokratyczna 1892–1919/20*, Wrocław 1983

Piasecki Henryk: *Żydowska Organizacja PPS 1893–1907*, Wrocław 1978

Piechotkowie Maria i Kazimierz: *Bóżnice drewniane*, Warszawa 1957

Tychże: *Bóżnice polskie XIX w.*, „Kalendarz Żydowski 1986/7", s. 55–84

Tychże: *Polichromie polskich bóżnic drewnianych*, „Polska Sztuka Ludowa" 1989, nr 1–2, s. 65–87

Prekerowa Teresa: *Konspiracyjna Rada Pomocy Żydom w Warszawie 1940–43*, Warszawa 1982

Prokop-Janiec Eugenia: *Międzywojenna literatura polsko-żydowska*, Kraków 1992

Przewodnik po bibliografiach polskich judaików/ oprac. Krzysztof Pilarczyk, Kraków 1992

Radzik Tadeusz: *Stosunki polsko-żydowskie w Stanach Zjednoczonych Ameryki w latach 1918–1921*, Lublin 1988

Reychman Kazimierz: *Szkice genealogiczne*, Warszawa 1936 (reprint: Warszawa 1985)

Ringelblum Emanuel: *Kronika getta warszawskiego*/ red. Artur Eisenbach, Warszawa 1988

Ringelblum Emanuel: *Stosunki polsko-żydowskie w czasie drugiej wojny światowej*, Warszawa 1988

Ringelblum Emanuel: *Żydzi w Warszawie podczas średniowiecza*, Warszawa 1932

Rocznik bibliografii żydowskiej w Polsce: Bibliografia bieżąca druków hebrajskich, żydowskich i judaistycznych, t. 1: 1934/ pod red. Edwarda Poznańskiego; Towarzystwo Przyjaciół Uniwersytetu Hebrajskiego w Jerozolimie, Warszawa 1936

Roczniki bibliografii żydowskiej, t. 1: 1926/ Żydowski Instytut Naukowy, Centrala Bibliograficzna, Warszawa 1928

Ruch podziemny w gettach i obozach: (materiały i dokumenty)/ oprac. Betti Ajzensztajn, Warszawa 1946

Rudnicki Adolf: *Teatr zawsze grany*, Warszawa 1987

Sakowska Ruta: *Dwa etapy: hitlerowska polityka eksterminacji Żydów w oczach ofiar: szkic historyczny i dokumenty*, Wrocław 1986

Sakowska Ruta: *Ludzie z dzielnicy zamkniętej*, Warszawa 1975 (wyd. 2, rozsz. Warszawa 1993)

Sandauer Artur: *O sytuacji pisarza polskiego pochodzenia żydowskiego w XX wieku*, Warszawa 1982

Schiper Ignacy: *Dzieje handlu żydowskiego na ziemiach polskich*, Warszawa 1937 (reprint: Kraków 1990)

Schiper Ignacy: *Żydzi Królestwa Polskiego w dobie powstania listopadowego*, Warszawa 1932

Shmeruk Chone: *Historia literatury jidysz*, Wrocław 1992

Schorr Mojżesz: *Organizacja wewnętrzna Żydów w Polsce*, Lwów 1899

Schorr Mojżesz: *Żydzi w Przemyślu*, Lwów 1903 (reprint: Jerusalem 1992)

Sitarz Magdalena J.: *Z dziejów jidisz — jednego z języków żydowskich*, Kraków 1992

Smoleński Władysław: *Stan i sprawa Żydów polskich w XVIII w.*, Warszawa 1876

Szaynok Bożena: *Pogrom Żydów w Kielcach: 4 lipca 1946*, Warszawa 1992

Tartakower Arie: *Emigracja żydowska z Polski*, Warszawa 1939

Tazbir Janusz: *Protokoły mędrców Syjonu: autentyk czy falsyfikat*, Warszawa 1992

Ten jest z ojczyzny mojej/ oprac. W. Bartoszewski, Z. Lewinówna, wyd. 2, Kraków 1969

Tomaszewski Jerzy: *Rzeczpospolita wielu narodów*, Warszawa 1985

Tomaszewski Jerzy: *Zarys dziejów Żydów w Polsce w latach 1918–1939*, Warszawa 1990

Tomczak Andrzej: *Rodzina Iglów, lwowskich i łódzkich antykwariuszy i księgarzy*, Toruń 1991

35 lat działalności Żydowskiego Instytutu Historycznego w Polsce Ludowej/ Maurycy Horn et al., Warszawa 1980

W trzecią rocznicę zagłady ghetta w Krakowie/ red. Michał M. Borwicz, Nella Rost, Józef Wolf, Kraków 1946

Wasiutyński Bohdan: *Ludność żydowska w Polsce w wiekach XIX i XX: studium statystyczne*, Warszawa 1930

Wojna żydowsko-niemiecka: polska prasa konspiracyjna 1943–1944 o powstaniu w getcie Warszawy/ oprac. P. Szapiro, Londyn 1992

Wróbel Józef: *Tematy żydowskie w prozie polskiej: 1939–1987*, Kraków 1991

Wróbel Piotr: *Zarys dziejów Żydów na ziemiach polskich w latach 1880–1918*, Warszawa 1991

Wystawa dzieł artystów żydowskich 1918–1939/ wstęp Jerzy Malinowski, Olsztyn 1987

Żebrowski Rafał: *Dzieje Żydów w Polsce 1918–1939: wybór tekstów źródłowych*, Warszawa 1993

Żebrowski Rafał, Borzymińska Zofia: *Po-lin: kultura Żydów polskich w XX wieku: zarys*, Warszawa 1993

Żydzi — Polacy/ Dorota Dec et al., Kraków 1989

Żydzi a powstanie styczniowe: materiały i dokumenty/ oprac. A. Eisenbach, D. Fajnhauz, A. Wein, Warszawa 1963

Żydzi polscy: dzieje i kultura/ Marian Fuks et al., Warszawa 1982

Żydzi w dawnej Rzeczypospolitej/ pod red. A. Link-Lenczowskiego, Wrocław 1991

Żydzi w Małopolsce: studia z dziejów osadnictwa i życia społecznego/ pod red. Feliksa Kiryka, Przemyśl 1991

Żydzi w Polsce Odrodzonej/ I. Schiper et al., t. 1–2, Warszawa 1932–1933

WYKAZ UŻYWANYCH SKRÓTÓW

AK — Armia Krajowa
AL — Armia Ludowa
AU — Akademia Umiejętności
BIP — Biuro Informacji i Propagandy Komendy Głównej Armii Krajowej
CISZO — Centrale Jidisze Szul–Organizacje
CKŻP — Centralny Komitet Żydów w Polsce
CŻKH — Centralna Żydowska Komisja Historyczna
GG — Generalne Gubernatorstwo
ICA — Jewish Colonisation Association
JIWO — Żydowski Instytut Naukowy
Joint — American Joint Distribution Committee
KOR — Komitet Obrony Robotników; Komitet Samoobrony Społecznej KOR
LWP — Ludowe Wojsko Polskie
MAP — Ministerstwo Administracji Publicznej
MSZ — Ministerstwo Spraw Zagranicznych
NKWD — Ludowy Komisariat Spraw Wewnętrznych
ONR — Obóz Narodowo-Radykalny
OZN — Obóz Zjednoczenia Narodowego
PAU — Polska Akademia Umiejętności
PKWN — Polski Komitet Wyzwolenia Narodowego
PS — Poalej Syjon
PPR — Polska Partia Robotnicza
PPS — Polska Partia Socjalistyczna
PPSD — Polska Partia Socjal-Demokratyczna
PWN — Państwowe Wydawnictwo Naukowe
PZPR — Polska Zjednoczona Partia Robotnicza
Szul-Kult — Szul- und Kultur Farband
TOZ — Towarzystwo Ochrony Zdrowia Ludności Żydowskiej w Polsce
TSKŻ — Towarzystwo Społeczno-Kulturalne Żydów w Polsce
WP — Wojsko Polskie
ZRWM — Związek Religijny Wyznania Mojżeszowego w Polsce
ŻIH — Żydowski Instytut Historyczny w Polsce
ŻKN — Żydowski Komitet Narodowy
ŻKW — Żydowskie Kongregacje Wyznaniowe
ŻOB — Żydowska Organizacja Bojowa
ŻTKiS — Żydowskie Towarzystwo Kultury i Sztuki
ŻTKSP — Żydowskie Towarzystwo Krzewienia Sztuk Pięknych
ŻZW — Żydowski Związek Wojskowy